ジェイソン・モーガン

日本国憲法は日本人の恥である

米国人歴史学者「目からウロコの改憲論」

悟空出版

はじめに

日本の憲法改正が世界の新秩序を生む

私は、今まさに憲法改正を進めようとしている安倍晋三首相を高く評価している。

なぜなら、現行憲法である「日本国憲法」は日本国民が自らつくったものではなく、アメリカに押し付けられたものであるのは疑いようのないことであり、日本が主権国家として真に独立を果たすためには、その見直しが絶対に欠かせないからである。

そもそも憲法とは、「国の最高規範であり、根本規範である」とされ、当然、その国の国民によって定められるべきものである。たとえ戦勝国であっても、それを押し付ける権利などない。それは国際法上も明確に定められている。

しかし、日本国憲法はそうではない。本書でその制定の過程にも触れるが、その草案はGHQ（連合国最高司令官総司令部）のリベラリストたちによって書かれたものである。

占領下にあった当時の日本政府が独自の憲法改正案をつくったものの、ことごとくGHQに拒否されたことは残された記録でも明らかだ。しかも、その過程は日本国民にほとんど知らされることもないまま、非常に短い期間に進められた。

そして日本国憲法は、2017年現在、現行憲法としては、〝施行されてから一度も改正されていない世界最古の憲法〟となっている。まさに〝ガラパゴス憲法〟と呼んでもいいが、世界中を見渡しても、そんな憲法を国の根幹としている国家は見当たらない。

そういう意味では、言葉は少々きつくなるが、日本国憲法をこれまで見直そうとしなかった日本の姿は〝恥ずべきこと〟と言えるのではないだろうか。また、国際法を無視して日本に自分たちが勝手につくった憲法を押し付けたのも、アメリカにとって近代国家として恥ずべきことだし、さらに言うならば、日本が憲法を改正しようとするたびに、ただただ「軍国主義だ」と言い募るしかない日本の反対論者や、それを反日に結び付けようとする中国、韓国の姿勢もまことに恥ずべきことだ。

そう言うと、「外国人のくせに日本の憲法にケチをつけるなんて生意気だ」とお叱りを受けそうだが、私は、「これからの世界情勢を考えても、日本の存在はますます重要になる中で、日本は日本人自身が時代に合わせてつくった憲法を持つべきだ」と考えている。

憲法改正反対派の人たちは、事あるごとに「平和憲法を守れ」「憲法第9条こそ世界に誇るものである」と口々に叫ぶ。私も〝理想論〟としては理解できる部分があるし、世界中の国がそんな憲法を持つようになれば、人類の未来はもっと明るいものになると思う。

しかし残念ながら、そんなことは絶対にあり得ない。

今の世界は〝理想では解決できない問題〟に満ちている。北朝鮮は国際社会に背を向け、核とミサイルの開発を進め、その脅威は現実的なものとなっている。いつ日本に向けてミサイルが飛んでくるかもしれない状況だ。

覇権拡大を目指す中国の海洋進出も急速に進んでいる。放置しておけば、日本の島々に中国軍が上陸してくる可能性もゼロではなくなっている。

そんな現実を前に、「戦争の放棄」「戦力の不保持」「交戦権の否認」を謳《うた》う現行憲法で対処できるのだろうか。絶対に無理だ。それとも、いざというときに、アメリカが必ず日本を守ってくれるとでも思っているのだろうか。私はそれもあり得ないと考えている。

確かに、今でこそ日本とアメリカは日米安保条約で結ばれた同盟国かもしれない。しかし、アメリカにはアメリカ国民の命と財産を守る義務があり、それが最優先されるのが当然だ。日本が他国から攻められたとき、アメリカが自国の若者の命を犠牲にしても日本のために戦ってくれるという100％の保障などない。むしろ、何もせず静観することだってあり得るだろう。

確かに第二次世界大戦の終結後、アメリカにとって日本は守るべき価値のある存在だった。ソ連と中国に代表される共産主義陣営と、アメリカを頂点とする自由主義陣営という対立するイデオロギーが激しくぶつかり合う中で、日本はその前哨《ぜんしょう》基地となった。

だがソ連崩壊で東西冷戦は終わりを告げ、中国も国際経済に進出する過程で急速にアメリカに接近している。もはや、若いアメリカ兵の命を犠牲にしてまで日本を守る必要性は減少しているのだ。

ところが、日本国民は右も左も未だに「いざとなればアメリカ軍が守ってくれる。安保条約があるのだから……」と甘い夢を見ているようだ。私はそれが不思議でならない。これだけ国際情勢が変化してきているにもかかわらず、日本国民はこと憲法問題になると、思考停止してしまうようだ。

さらに言うならば、アメリカはもう、GHQが日本に〝絵に描いたような平和憲法〟を押し付けたことなど忘れてしまっている。それどころか、アメリカにとってその憲法が邪魔になっているというのが実情だろう。

その証拠に、かつて日本がお金さえ負担していれば何も言わなかったアメリカが、「日本はもっと軍備を拡張しろ。そのためにアメリカからどんどん武器を買え」「世界に展開するアメリカ軍を助けるために、自衛隊を地球の裏側まで派遣しろ」と迫っている。それに対して日本は、これまで「憲法第9条があるから無理です」と逃げてきたが、世界有数の経済大国となって久しい日本の逃げ口上がいつまでも通用するはずがないだろう。

実際、アメリカはオバマ大統領の時代から「世界の警察官はもうやめる」と言い始めていたし、トランプ大統領になると、声高に「アメリカ・ファースト」を口にし始めた。また、アメリカ国内では、一部とはいえ、「日本の核武装を容認すべきだ」という意見も出始めている。戦後70年以上が経《た》った今、世界情勢は大きく変わりつつあるということだ。

それにもかかわらず、日本がGHQに押し付けられた憲法を、一字一句変えることなく保持していることに強い違和感を覚えるのは私ばかりではないはずだ。

世界情勢の変化にはもう1つの側面がある。「グローバル資本vs国家」という対立である。ITの発達で、世界経済は1日24時間365日、休むことなく動くようになった。それとともに資本は国境を越えた。多国籍資本が時間と空間を超えて経済活動に勤《いそ》しんでいる。その結果、それぞれの国、あるいは世界規模で貧富の差が広がっている。富める者は、貧しい人（あるいは国）から、様々な手法で搾取を繰り返し、ますます豊かになっている。

当然、それに対する不満も増大しつつある。アメリカの大統領選挙であれほど有利とされたヒラリー・クリントンが、トランプに敗れた一番大きな理由もそこにある。

また、アメリカやヨーロッパでナショナリズムが台頭しつつある背景にもこの問題が横たわっている。アメリカ同時多発テロ以来、欧米でテロが相次ぎ、移民排斥の動きが激化しているが、そうした問題もさることながら、それ以上にグローバル資本による経済破壊が進む中で貧富の格差が大きくなっていることへの庶民の不満があるとされている。

実は、このグローバリズムを生んだのもアメリカのリベラリストたちだった。リベラリストのイデオロギーは、とにかく、「個人の自由」と「個人の権利」を守ることにある。そしてそれを振りかざして、「利益を追い求めることこそ正義だ」と信じている。そのために新しい経済システムをつくり上げ、自分たちにとって都合がいいルールを押し付けるのが〝進歩〟だと思っている。

その姿は、かつてアメリカ人がマニフェスト・デスティニー（神に与えられた使命）だとして先住民族を虐殺して西部開拓をした歴史や、ソ連のスターリンが共産主義革命を成し遂げるためとして反対派をことごとく粛清していった歴史と重なって見えるが、歴史的に見ると、そうした進歩や革命の後には、必ず反動が起き、新たな秩序がつくり出されている。

第一次世界大戦は、植民地と世界の覇権を競い合う帝国主義の戦いだったが、第二次世界大戦は、その後の国際秩序構築に失敗した結果起きた戦いだったと言えるだろう。そしてその後、ヨーロッパや日本が焼土となったのに対して無傷だったアメリカが絶対的な力を持ち、ソ連との東西冷戦を勝ち抜いてアメリカを頂点とする国際秩序を構築していった。日本の驚異的な戦後復興もその秩序の中で実現されたわけだ。

しかし今、その秩序が崩れつつある。前述したようにアメリカは世界の警察官の座を降り、自国第一主義に走っている。EUはイギリスが離脱して崩壊の危機に見舞われている。またロシアは復権を目指し、中国は虎視眈々《こしたんたん》とアメリカに代わって覇権を握ることを狙っている。

問題は、このカオスのような状態の中から、どうやって新しく、安定した世界秩序を構築していくかということだが、私はその点で日本という国に大いに期待している。日本という国が、天皇を中心とした伝統ある国家としての姿を、今も保ち続けているからだ。

そもそも、GHQのリベラリストたちが日本国憲法を押し付けたのは、伝統と人間的な理念を有した日本という国家が嫌いだったからである。

それは「個人の自由」と「個人の権利」を振りかざして、利益を追求するという自分たちの〝正義〟を否定する存在だった。だからこそ、彼らは憲法としての形すらなしていない憲法をむりやり日本に押し付け、それを正当化するために、WGIP（戦争責任周知徹底計画）で日本国民を洗脳していったのだ。

それに対し、１９５５年に結党した自由民主党は、党の綱領に、「平和主義、民主主義及び基本的人権尊重の原則を堅持しつつ、現行憲法の自主的改正をはかり」と明記した。つまり、「憲法の改正」である。しかし、国民の間で議論は進まなかった。それほどアメリカによる洗脳は巧妙なものだったのである。

しかし、それから60年以上が経過した今、安倍首相が憲法改正を推し進めようとしている。私は、この安倍首相が進める憲法改正の動きこそ、日本国民が大きく変わっていく国際社会の中でどう生きていくかを決める第一歩になると思っているし、ＧＨＱの洗脳によって奪われた国家観をもう一度取り戻してほしいと思っている。

そもそも歴史的に振り返ってみても、日本が軍国主義の侵略国家だったというのも、戦勝国の捏造《ねつぞう》だと、私は見ている。

日本は、天皇を中心に、伝統に根ざした、家族や隣人を心から愛する国をつくっていたし、欧米の植民地となっていた東アジアの各地域を解放しようとしていた。

そもそも、日本という国には、アメリカのリベラリストたちのような排他的な思想はなかった。古来より、海外の文化を積極的に取り入れつつ、それを日本の優しさに満ちた文化に合うように改変し、みごとに融合させてきた。私は、そんな日本の文化や精神性が新たな国際秩序を構築する上で非常に重要な役割を果たすと思っている。

たとえば、グローバル化した世界経済システムがなくなることはもはやないだろう。しかし、そのシステムをただ金儲《かねもう》けのためだけでなく、世界が融和していくためのツールとすることも可能だろう。そのためには、個人主義ではなく、もっと人間性に根ざした理念が求められる。私は日本にはそれが可能だと思うのだ。

そういう意味でも、今こそ憲法改正について深く議論してほしいのだ。それは、自分自身がどう生きるか、あるいは日本という国をどういう国にしていくかを考える礎《いしずえ》となるに違いないからである。

中国、韓国、そしてアメリカの歴史学者が叫ぶ「反日」に耳を傾ける必要はない。それらはすべて歴史を捏造してつくり上げたプロパガンダだからだ。また、それらに迎合する日本の学者やメディアも少なくない。彼らは真実がわかっていても、自分のポジションを守りたい一心で、反日を煽《あお》っていると私には見える。

もちろん、私が「反日」の在り方に強く異議を唱えているからといって、「反米」だというわけではない。それどころか、祖国であるアメリカを心から大切に思う「愛国者」だと自負している。

アメリカは、私が生まれ育った国であり、私が愛する家族や多くの友人が住んでいるし、アメリカ国民は何事にも挑戦する勇気を持った誇るべき存在だ。

そして私は、そんなアメリカが世界中の人々にリスペクトされる国になってほしいと思っている。そのためには、アメリカ国民が、自分たちのたどってきた歴史を正しく知ることが必要だ。

アメリカは1776年に建国され、やっと240年を超えたばかり若い国だが、アメリカ国民が教えられ、信じている歴史は、客観的に見たときすべてが正しいわけではない。世界のどの国でも同じだが、歴史は時の権力者によって改変され、都合のいいように伝えられていることがあまりにも多い。

私たちが気をつけなければならないのはまさにその点だ。私は、アメリカ国民もそうした事実に気づき、忘れることなく、歴史の真実に向かい合うべきだし、そうすることで初めて、ほんとうの意味で世界の国々に認められるようになると思うのだ。

私は本書で、「日本は今、憲法改正を進めるべきだ」と考えているわけを、歴史的視点を踏まえて書いたつもりである。それは、日本の皆さんだけでなく、アメリカ国民にも気づいてほしいことである。そうすることが、アメリカが世界の国々とともに、平和と繁栄を築いていく第一歩となると思うからだ。

ここで、国立国会図書館に所蔵されている英文の資料を紹介しておこう（13ページ参照）。資料名は「Constitution of Japan」（日本国憲法）となっているが、これはGHQによってつくられたものである。この資料について、国立国会図書館のホームページでは次のように記している。

〈民政局内で書き上げられた憲法草案は、2月10日夜、マッカーサーのもとに提出された。マッカーサーは、局内で対立のあった、基本的人権を制限又は廃棄する憲法改正を禁止する規定の削除を指示した上で、この草案を基本的に了承した。その後、最終的な調整作業を経て、GHQ草案は12日に完成し、マッカーサーの承認を経て、翌13日、日本政府に提示されることになった。日本政府は、22日の閣議においてGHQ草案の事実上の受け入れを決定し、26日の閣議においてGHQ草案に沿った新しい憲法草案を起草することを決定

CONSTITUTION OF JAPAN

We, the Japanese People, acting through our duly elected representatives in the National Diet, determined that we shall secure for ourselves and our posterity the fruits of peaceful cooperation with all nations and the blessings of liberty throughout this land, and resolved that never again shall we be visited with the horrors of war through the action of government, do proclaim the sovereignty of the people's will and do ordain and establish this Constitution, founded upon the universal principle that government is a sacred trust the authority for which is derived from the people, the powers of which are exercised by the representatives of the people, and the benefits of which are enjoyed by the people; and we reject and revoke all constitutions, ordinances, laws and rescripts in conflict herewith.

Desiring peace for all time and fully conscious of the high ideals controlling human relationship now stirring mankind, we have determined to rely for our security and survival upon the justice and good faith of the peace-loving peoples of the world. We desire to occupy an honored place in an international society designed and dedicated to the preservation of peace, and the banishment of tyranny and slavery, oppression and intolerance, for all time from the earth. We recognize and acknowledge that all peoples have the right to live in peace, free from fear and want.

We hold that no people is responsible to itself alone, but that laws of political morality are universal; and that obedience to such laws is incumbent upon all peoples who would sustain their own sovereignty and justify their sovereign relationship with other peoples.

To these high principles and purposes we, the Japanese People, pledge our national honor, determined will and full resources.

した〉

この資料こそ、日本国憲法がGHQによってつくられたことを示す物的証拠の1つであることは明らかだろう。

私は、こうした真実の歴史に目をつぶり、日本の根幹であるべき憲法の改正論議を否定してはならないと思う。

主権国家として、憲法改正論議の機運が高まっている今こそ、日本国民は日本国憲法をつくったのは誰か、そして日本に必要な憲法とは何かをしっかりと考えるべきである。そして日本には、十分な論議を尽くした上でつくられる新たな憲法とその理念を持って、平和を基調とした新しい世界秩序の構築に力を尽くしてほしいと、私は心から願っている。

2018年正月

ジェイソン・モーガン

日本国憲法は日本人の恥である――目次

第五章●アメリカが抱える根深い宿痾《しゅくあ》 131

第六章●憲法改正は「パンドラの箱」だ　165

本文中、一部を除き、敬称は略させていただきました。

第一章

日本国憲法はメイド・イン・USAの不平等条約だ

GHQスタッフ3人の証言

私は、現行の日本国憲法はすぐにでもゴミ箱に投げ捨てたほうがいいと思っている。それは、日本国憲法は日本人自身がつくったものではなく、アメリカがつくったものだからである。

そう言うと、〝護憲派〟の人からは、すぐに「その物言いは日本国憲法を軽視し、侮蔑している」と反論される。しかし、その成立のプロセスを検証すれば、日本国憲法が日本人自身でつくったものでなく、日本を占領し、駐留していたGHQ（連合国最高司令官総司令部）によってつくられたものであることは明らかだ。

そのプロセスについては第五章で詳しく論じるが、ここでは私が日本国憲法はアメリカがつくったとする根拠の1つを挙げておこう。

2000年5月2日、参議院憲法調査会が、日本国憲法制定に携わったアメリカ人を招いて意見を聴取し、質疑を行った。GHQ民政局の調査専門官だったベアテ・シロタ・ゴードン、同・海軍少尉だったリチャード・A・プール、同・陸軍中尉だったミルトン・J・エスマンの3人だ。

1人目のベアテは、ロシア（現在のウクライナ）出身のユダヤ系ウクライナ人の父母を持ち、1923年にウィーンで生まれた。父のレオ・シロタは国際的に知られるピアニストだったが、反ユダヤ主義の台頭に伴い、1929年の来日を機に東京音楽学校ピアノ科教授に赴任する。そのときベアテは5歳半だった。その後、彼女はアメリカに留学する1939年までの少女時代を日本で送った。そして留学中の1941年12月に日本軍の真珠湾攻撃で太平洋戦争が勃発《ぼっぱつ》して日本に戻れなくなった彼女は、ニューヨークでタイム誌のリサーチャー（記事素材の調査員）として働きながら、日本にいる両親と離れ離れで暮らすこととなった。

その彼女がGHQの民間人要員として採用されて日本に戻ったのは、日本がポツダム宣言を受け入れた年、つまり、1945年12月24日のことだった。幸い両親は健在だった。皇居濠端《ほりばた》の第一生命ビルのGHQ民政局に赴任した彼女は、翌年の1946年2月4日にコートニー・ホイットニー民政局長に召集され、モデル憲法草案起草を命じられたのである。そのベアテは、参議院憲法調査会の聞き取りに応じて次のように答えている。

〈人権に関する草案作成は、22歳だった私を含めて3人。図書館に行って、いろいろな国の憲法を参考に集めた。私は日本の女性にはどんな権利が必要か考え、各国の憲法を参考にしながら、女性の権利を起草した。私は戦争前に10年間、日本に住んでいて、女性に全く権利がない実態をよく知っていた。

当時は女性の権利が全然なかったので、配偶者の選択から、妊婦が国から補助される権利まで全部、具体的に憲法に詳しく書き込みたかった。草案作成を指揮していたケーディス大佐（民政局次長）らは、私の草案の女性の権利には賛成したが、社会福祉の点については「そういう詳しいものは憲法に合わない。民法に書くべきだ」と言い、両性の平等などに関する24条などを残した。交渉過程において、日本政府は「女性の権利は日本の文化に合わない」と主張し大騒ぎになった。私は通訳を務め日本側からも好意を得ていたので、ケーディス大佐が「シロタが女性の権利を心から望んでいるので、それを可能にしよう」と言い、日本側も私が書いたことを知りびっくりしたものの、「ケーディスの言うとおりにしよう」と言って、24条が歴史に残った。

日本国憲法は米国の憲法よりもよいものである。自分が持っているよりもよいものを「押し付ける」ことはないから、日本国民に押し付けられたとは言えない。日本における進歩的男性や少数の目覚めた女性は、国民の権利を記した憲法を望んでいた。日本は他国から文字、宗教、その他の文化を取り入れ自分のものとすることで発展してきた。ほかの国から輸入した憲法でも、いい憲法なら守るべきだ。

憲法を考えるに当たっては、女性の声を聞いてほしい。日本の女性の大勢が、現行憲法は日本に適していると思っている。日本は憲法のおかげで経済が進歩し、テクノロジー、教育などを発展させ、世界で重要なパワーとなった。この憲法は世界のモデルと言えるからこれまで改正されていない。人権については憲法改正ではなく、法律改正で対応できる〉

2人目のリチャード・A・プールは、1919年、横浜生まれで6歳まで日本で育った。祖父のチェスター・プールは、1888年にスミス・ベーカー商会の日本茶買付人として来日していたが、1916年にドロシー・キャンベルと結婚。その夫婦の次男として生まれたのがリチャードだった。しかし、リチャードが6歳になったとき、父チェスターがニューヨーク支店長になったのを機にアメリカに帰国。リチャードはハバーフォード大学を卒業後、国務省外務職員局に勤務していたが、国務省から入隊許可を取って海軍に入り、太平洋戦争後にはGHQ民政局に配属となったところで、ベアテ同様、コートニー・ホイットニー民政局長に召集されて、モデル憲法草案の作成にあたることとなった。そのリチャードの証言は次のとおりだ。

〈私は横浜生まれで、先祖にはペリー総督時代の総領事もおり、代々日本との縁が深い。当時26歳だった。天皇およびその他の事項担当の委員会の長となった。

われわれが憲法の草案を作成した背景には、狂信的な国粋主義者と軍国主義者が明治憲法を隠《かく》れ蓑《みの》に、アジアなどへの侵略を行ったことがあった。明治憲法では主権は天皇に付与されていたが、この規定と憲法上の権利を停止させる権限を悪用し、天皇の名において軍事的侵略を行い、政治的反対者を抑圧していた。

明治憲法の改正が必要なのは明らかだった。新憲法草案では天皇の役割を大幅に削減することになっていたが、天皇がこの憲法を支持したことも有益だった。

われわれが目指したのは立憲君主制で、天皇は統治権を持たず、国家および主権者である国民の統合の象徴としての役割を果たすものだった。「象徴」という言葉の翻訳には困難があったが、日本政府も満足する方法で解決された。私自身は第9条には関与しなかったが、将来日本が主権を回復した後でも軍事力を永久に放棄するのかという点について、当時、現実的ではないとの懸念を表明したことはあるが、その時はマッカーサー元帥の発案によるものとして一蹴《いっしゅう》された。

マッカーサー草案は数多くの日本の学者や研究機関の見解を反映し、その後の閣議や国会で修正されている。憲法起草過程よりも、その結果に焦点を当てることが重要だ。憲法の基本原則によって国民の利益が守られた。憲法改正は必要が生じた時にのみ個々に検討すべきだ。第9条第2項は、国際問題で責任を果たす必要を考えれば、防衛と国際平和維持活動だけに限定された軍隊の役割を明確にし、あいまいさに終止符を打つべきだ。この場合、侵略に苦しんだ国に二度とそうする意思がないことを保証することが不可欠だ。

憲法全体を改正しようとするのはパンドラの箱をあけるようなもので、手に負えない提案が出てくる。必要が生じた場合にのみ個々の問題について改正を検討すべきだ〉

そして3人目は、ミルトン・J・エスマンである。彼はコーネル大学を卒業後、プリンストン大学で政治学と行政学で博士号を取得して、合衆国人事院で行政分析担当官として働いていたが、陸軍中尉として来日していた。そのミルトンは次のように証言している。

〈当時、私たちは日本の政府高官から頻繁に、厳しく、こんな警告を受けた。「日本の大衆は民主的政府を運営するまでに成熟していない。必要な教育を施せば一世紀かかる。民主主義を性急に設立しようとすれば災難につながる」と。だが、日本人の成熟度は十分だったと証明されつつある。

当初、私はGHQが草案を起草することに反対した。民主的考えを持つ日本の学者とオピニオンリーダーが新憲法起草の仕事に参画することが重要と考えた。そうでないと新憲法は外国から押し付けられたと見られ、占領後に存続できないと考えたからだ。私の意見は退けられたが、その後の展開で私の考えが間違っていたことが証明された。憲法は日本国民の政治的願望を表現していたため、日本国民の大多数が自分のものとして受け入れ、熱心に擁護してきた。

憲法で何よりも重要なのは基本的原理であり、これが尊重される限り、将来直面する問題は、条文の合理的な解釈で解決できる。米国では、環境保護など２００年前の憲法起草者には考えられない問題も、憲法解釈で解決してきた。われわれ55年前の起草者も、解釈で政府が必要なことを行い、国際的義務を果たせることを知っていた。正式な憲法改正は最後の手段だ。

当時の民政局の人間は、日本が国際社会に復帰した場合、国連による国際平和と秩序維持活動に主導的役割を果たすことを希望していた〉

【以上、３人の証言はいずれも、参議院憲法審査会のホームページ中、「（参考）元連合国最高司令官総司令部（ＧＨＱ）民政局スタッフの発言概要」より引用】

この３人の証言は、日本国憲法がアメリカによってつくられたことを裏付ける数多い史料や証言の一例にすぎないが、どんな意図でその作業に携わったかは別にして、日本国憲法の草案がアメリカ人の手によってつくられたことは明白な事実なのである。

しかし日本人に聞くと、少なからぬ人が「だから？」という顔をする。そして「戦争を放棄している日本国憲法は守るべきだ」、あるいは「日本は戦争に負けたのだから、憲法を押し付けられても仕方がない」と言うのだ。

私は、そうした日本人の反応に違和感を覚えずにはいられない。

そもそも、第二次世界大戦は「枢軸国《すうじくこく》vs連合国の戦い」だったとされるが、結果は連合国の勝利に終わり、大戦後の国際秩序はアメリカを中心に築かれていった。その中で、敗戦国となったいわゆる枢軸国は、それぞれ復興の道をたどることになったわけだが、日本以外の国々は自ら新たな憲法を整備し、新たな国家づくりに取り組むこととなった。

だが、唯一、日本だけには自らの手で新たな憲法をつくらせず、メイド・イン・USAの憲法を押し付けた。それにもかかわらず、日本人がその事実から目を背けているように思えてならないからだ。

知っておくべき第二次世界大戦の歴史

そもそも第二次世界大戦は、1939年9月1日、ヒトラー率いるドイツがポーランド侵攻したことを受けて、9月3日にイギリスとフランスがドイツに対して宣戦布告をしたことで始まったとされるが、それまでの推移を簡単に振り返っておこう。

そうすることで、「枢軸国は絶対悪で、連合国はあくまでも善だった」とする、いわゆる戦勝国史観の嘘《うそ》が見えてくるし、日本国憲法の成立過程がいかに異常なものだったかが明らかになるはずだからだ。

1933年1月30日に成立したドイツのヒトラー内閣は、同年10月14日にはジュネーブ軍縮会議と国際連盟からの脱退を表明し、1935年3月16日には再軍備宣言を行い、同年10月21日には国際連盟を正式に脱退した。第一次世界大戦で敗戦国となり、大きな痛手を受けたドイツだったが、その頃には経済復興も軌道に乗り、かつての大ドイツ帝国の復活を目指すようになっていた。そして1936年11月25日、ドイツは日本と「日独防共協定」(コミンテルンに対する日独協定)を締結する。

当時、世界的にソ連の支援を受けたコミンテルン(共産主義インターナショナル)の組織が急激な広がりを見せていたが、特に日本を「軍国主義国家」、ドイツを「ファシズム国家」と位置づけて敵視していた。そして1935年7月~8月にかけて行われた第7回コミンテルン大会で、「反ファシズム人民統一戦線を結成すべき」という方針が打ち出されると、ヨーロッパでフランスやスペインに人民戦線内閣が誕生する一方、中国では抗日民族統一戦線の結成の動きが高まっていった。ドイツにしても日本にしても、そうした国際的な共産主義の攻勢に対抗することを目的として協定を結んだのだ。だが、それが徐々により軍事的な意味を持つ結び付きへと変貌していくこととなる。

１９３８年3月13日、ドイツはオーストリア併合を断行した。さらに翌年の１９３９年3月14日にはスロバキア共和国を自国の保護国として、チェコスロバキア共和国から切り離し、チェコスロバキアとドイツの国境地帯にあたるズデーテン地方の割譲《かつじょう》を要求してそれを呑《の》ませることに成功した。

一方、イタリア王国では国家ファシスト党のムッソリーニが台頭する。

ムッソリーニは、１９３５年10月2日にエチオピア帝国への侵略を開始、翌１９３６年5月9日にエチオピア併合を宣言。同年10月にはムッソリーニは「ローマとベルリンとの垂直線は障壁ではなくて枢軸である」とする「ベルリン・ローマ枢軸構想」（枢軸国という名称はここからきている）を掲げ、１９３７年11月6日には日独防共協定に加わり、「日独伊防共協定」が成立した。そして１９３７年12月11日には国際連盟を脱退。１９３９年4月7日にはアルバニア王国のほぼ全土を占領して併合した。また同年5月22日にはドイツとの間で「独伊軍事同盟」（「鋼鉄の同盟」とも呼ばれる）を成立させた。

そして1939年9月1日、ドイツ軍がスロバキア軍とともにポーランドに侵攻。それに対して、ポーランドと同盟を結んでいたイギリスとフランスがドイツに宣戦布告して、第二次世界大戦の火蓋《ひぶた》が切られた。

1940年5月10日に、ドイツはベネルクス三国（オランダ、ベルギー、ルクセンブルグ）に侵攻を開始した。そして一気呵成《いっきかせい》にフランス北部へも軍を進め、6月14日にはパリに無血入城を果たしてフランスを降伏させた。それに伴い、パリを含む北部フランスはドイツ軍の占領下に置かれ、フランスのアルザス・ロレーヌ地方はドイツに、サヴォワ・ニース地方はイタリアに割譲され、南部フランスにはドイツの保護国としてフランス国（ヴィシー政権）が成立した。

こうしてドイツが版図《はんと》を広げていく中、1940年9月27日には、日本、ドイツ、イタリアの三国間で「日独伊三国同盟」（日独伊三国軍事同盟ともいう）が結成されたが、その内容は次のようなものだった。

①ヨーロッパにおけるドイツとイタリア、大東亜における日本の、それぞれの新秩序建設においての指導的地位を相互に認め、尊重し合う。
②そのための三国の相互協力と、いずれか一国が現在交戦中でない他国に攻撃された

ときは、三国はあらゆる政治的・経済的・軍事的方法により、互いに援助する。
③前記の条項は三国それぞれとソ連との間の状態には影響を及ぼさない、
④有効期間は10年とする。

②でいう「現在交戦中でない他国」とは言うまでもなく、仮想敵国アメリカのことだったが、ここに日本、ドイツ、イタリアの三国による、いわゆる枢軸国体制の大枠が成立したと言える。

この頃、日本は日中戦争で莫大《ばくだい》な戦費を費やしていた上に、中華民国を支援するアメリカとの対立が激化していた。たとえば、アメリカ、イギリス、中国、オランダによる、いわゆるＡＢＣＤ包囲網と呼ばれる日本への一方的な経済制裁が行われていたことはよく知られている。そのため、日独伊防共協定をさらに強化することでアメリカを牽制《けんせい》すると同時に、活路をアジア太平洋地域に求め、イギリスやフランス、あるいはオランダの植民地を支配することをドイツに了解させる意図があったとされている。

ここで枢軸国として戦った国々の動きを改めてチェックしておこう。

【第二次世界大戦を枢軸国として戦った国々】

1939年▼ドイツとスロバキア共和国の軍がポーランドに侵攻。

1940年▼ドイツのフランス侵攻後、イタリア王国と、1939年にイタリアの侵攻を受けて同君連合を形成していたアルバニア王国（1939年から1943年までイタリア王国支配下、1943年以降はドイツ支配下）が、連合国に対して宣戦布告した。また、日独伊三国同盟成立後の11月には、スロバキア共和国、ハンガリー王国（1945年以降はハンガリー国民統一政府）、ルーマニア王国が同同盟に加盟した。

1941年▼3月にドイツがブルガリア王国に侵攻し、同国を日独伊三国同盟の加盟国とした。また、やはりドイツの侵攻を受けたユーゴスラビア王国も同同盟に加盟した（ただし、まもなく軍のクーデターで親独政権が崩壊、それに伴い加盟が取り消されたのち、ドイツ軍の侵攻にあって降伏を余儀なくされた）。

6月になり独ソ戦が始まると、ハンガリー王国、ルーマニア王国に加え、クロアチア独立国（ドイツとイタリアによるユーゴスラビア侵攻が始まった直後の4月1日に建国。6月15日には日独伊三国軍事同盟に参加）も対ソ戦に参戦した。さらにソ連の侵略を受けていたフィンランド共和国も、日独伊三国同盟には加盟しなかったものの枢軸国とともに対ソ戦を戦った。

そしてこの年、日本がアメリカとイギリスに対して宣戦布告をして、アメリカの真珠湾に対する攻撃（真珠湾攻撃）と、イギリス領マレーおよびシンガポールへの進攻作戦（マレー作戦）に踏み切った。1941年12月8日のことである。それに合わせるように、ドイツもアメリカに宣戦布告した。

1942年▼1942年12月に日本と「日泰攻守同盟条約」を結んでいたタイ王国は、1942年1月にイギリスとアメリカの侵攻をきっかけにアメリカとイギリスに対して宣戦布告した。

1943年▼前年から続いていたスターリングラード攻防戦（1942年7月17日〜1943年2月2日）でドイツが敗北。イタリア王国では7月にクーデターが起き、首相職を解任されたムッソリーニがローマ以北にイタリア社会主義共和国を成立させ、ドイツの衛星国として連合国との戦闘を続けた。一方、ムッソリーニのあとを継いだイタリア王国のバドリオ政権は、1943年9月8日に連合国との休戦協定を発表して、11月9日には無条件降伏。10月13日にはドイツに対して宣戦布告した。なお、バドリオ政権はドイツが降伏したのちの1945年7月15日には日本に対して宣戦布告した（ただし、日本側はバドリオ政権を正当な国家と認めておらず、その宣戦布告は無効だとして受理しなかった）。

また、この年の8月1日にはイギリスの植民地だったビルマ（現在のミャンマー）が日本を後ろ盾として独立を宣言し、アメリカとイギリスに対して宣戦布告を行ったのに続き、10月21日にはシンガポールで開催されたインド独立連盟総会において自由インド仮政府の樹立が宣言され、同月24日には連合国に対して、インドがイギリスからの独立を目指して宣戦布告を行い、インド国民軍は日本軍とともにインパール作戦に参加した。

一方、連合国側はどんな国で構成されていたのか。日本に対して宣戦布告した国を年ごとに列挙しておこう。

【日本に宣戦布告した連合国の国々】

1941年▼アメリカ、イギリス、オーストラリア、ニュージーランド、カナダ、南アフリカ連邦、コロンビア、エル・サルバドル、コスタリカ、ドミニカ、ニカラグア、ハイチ、グァテマラ、ホンジュラス、パナマ、オランダ、キューバ、ベルギー

1942年▼メキシコ

1943年▼イラク、ノルウェー、ボリビア

1944年▼リベリア、フィンランド、ルーマニア

1945年▼エクアドル、ペルー、パラグアイ、ベネズエラ、ウルグアイ、トルコ、エジプト、シリア、レバノン、イラン、サウジアラビア、アルゼンチン、スペイン、チリ、デ

ンマーク、ブラジル、ギリシア、ソビエト連邦、モンゴル

ヨーロッパと極東における戦いの終結

ヨーロッパでは、1944年6月6日に連合国軍がノルマンディー上陸作戦に踏み切り、8月24日にはパリを解放。1945年4月25日には、東進を続けていたアメリカ軍と、西進を続けていたソ連軍がドイツ東部を流れるエルベ川の沿岸で邂逅《かいこう》し、東部戦線と西部戦線が1つになり、ベルリンを目指すこととなった。アメリカ兵とソ連兵が不戦を誓う握手を交わしたこのできごとは「エルベの誓い」と呼ばれている。

ベルリンに先に到達したのはソ連軍だった。ヒトラーは首相官邸地下壕にこもって抵抗を続けたが4月30日に自殺してベルリンは陥落、ドイツは5月7日に無条件降伏してヨーロッパの戦争は終わった。

一方、極東では日本軍の抵抗が続いたが、1944年7月7日のサイパン守備隊の玉砕後、アメリカ軍による日本本土爆撃が本格化。1945年3月の東京大空襲に続き、4月から6月にかけて沖縄戦が行われる中、連合国は7月26日に、トルーマン（アメリカ大統領）、チャーチル（イギリス首相）、蔣介石《しょうかいせき》（中華民国主席）の名で、日本に対して無条件

降伏を勧告するポツダム宣言を発した。その後、8月6日に広島に、同月9日に長崎へ原爆が投下され、続いて同月8日にはソ連が日ソ中立条約を破棄して日本に対して宣戦布告を行い、9日には対日攻撃を開始した。

ここに至り、8月14日、日本はついにポツダム宣言を受け入れ、無条件降伏することを決め、翌日の8月15日正午に昭和天皇の玉音放送が流され、太平洋戦争は終結することとなった。ちなみに、日本代表が東京湾上のアメリカ戦艦ミズーリ前方甲板上において正式に降伏文書に署名したのは9月2日のことだった。

枢軸国に対する戦後処理

さて問題は、第二次世界大戦後の戦勝国（連合国）の敗戦国（枢軸国）に対する対処だが、実はその方針については、1945年2月4日から11日にかけて開催されたヤルタ会談において、ルーズベルト（アメリカ大統領）、チャーチル（イギリス首相）、スターリン（ソ連首相）の間でその大筋が決められていた。

ヤルタ会談で合意された内容は「ヤルタ協定」として発表されたが、主な決定事項は次のとおりだった。

①国際連合の設立▼1945年4月25日にサンフランシスコで国際会議を開催して憲章を決定する。また、安全保障理事会では大国の拒否権を認める。

②ドイツの戦後処理問題▼ドイツの無条件降伏後は、アメリカ、イギリス、ソ連、フランスの4か国で分割管理する。また2年以内にその戦力排除と賠償取立てを決定し、戦争責任者を処罰する。

③東欧諸国問題▼ポーランドの臨時政府を民主化させ、すみやかに自由選挙を行う。ドイツから解放された諸国に主権と自治を回復させ、民主的な政府を樹立させる。

④ソ連の対日参戦問題▼ソ連はドイツの降伏後3か月以内に対日参戦する。その条件は南樺太《からふと》および千島《ちしま》列島のソ連帰属、旅順《りょじゅん》租借権のソ連による回復、大連《だいれん》に関するソ連の優越的地位、南満州および東支鉄道経営へのソ連の参加権、外蒙の現状維持などを認める（ただし、この第4項は秘密会談で決まったものであり、1946年2月11日まで公開されなかった）。

つまり、日本を降伏させるにはソ連の協力が欠かせないと考えたアメリカが主導して、ソ連を対日戦に引きずり込むために餌《えさ》を投げ、それにソ連が応えて日本に宣戦布告したというのが真相だったわけである。
それはさておき、戦後の敗戦国に対する戦後処理がどう行われていったのかを具体的に見ていこう。

【ドイツの戦後処理】

ドイツに対する戦後処理は、1945年6月5日に発表されたベルリン宣言に則《のっと》って行われていくことになったが、そのベルリン宣言の前文は次のような内容だった。

●ドイツ軍は陸上・海・空において完全に敗北したことで無条件に降伏し、戦争責任を負う。それによってドイツ国は無条件降伏した。
●ドイツには戦勝国の要求を履行したり、管理できる中央政府は存在していない。
●アメリカ、ソ連、イギリス、フランスの各政府を代表する最高軍司令官は「連合国代表」(Allied Representatives)とするが、連合国代表はそれぞれの政府の権威や連合国との関連により、次の宣言を行う。
◆アメリカ・ソ連・イギリス・フランスの政府は、ドイツ国中央政府が持っていたドイツの州と地方自治体に対する最高指揮権と権威を掌握する。

◆アメリカ・ソ連・イギリス・フランスの政府はドイツの領域と境界を設定する。

●4つの政府によって設定された最高権力は、ドイツが無条件降伏によって従わなければならない条件を発表する。

つまり、ナチスドイツは完全に壊滅しており、もはやドイツには政府が存在していない。だからアメリカ、ソ連、イギリス、フランスで統治するというわけだ。

その結果、戦争終結後のドイツは、アメリカ、イギリス、フランス、ソ連の4か国によって占領され、ソ連占領地区にあるベルリンがさらに4か国に分割され、その状態が1949年に、アメリカ、イギリス、フランス占領下のドイツがドイツ連邦共和国として、ソ連占領下のドイツがドイツ民主共和国として独立するまで続くこととなった。

ドイツ連邦共和国の成立にあたっては、1949年5月24日にドイツ連邦共和国基本法（ボン基本法とも呼ばれる）が定められた。そもそもそれを決めるについては、1948年2月から8月にかけて、ロンドンでアメリカ、イギリス、フランス、それにベネルクス三国（ベルギー・オランダ・ルクセンブルク）を加えたロンドン会議が行われ、ソ連が占領している地区は除外した憲法を制定すべきであることなどが合意され、「ロンドン勧告」として発表されていた。

その勧告では、州の権限を強めるために二院制を敷くこと、議院の1つは州の代表によること、連邦政府は教育・文化・宗教・地方自治・公衆衛生に関する権限を持たないこと、州や連邦間の紛争を調停するための裁判所を設立することなどが含まれていた。

それに対し、各州の首脳や国民は激しく反発した。そして、7月8日から10日にかけて行われた州首相会議（リッターシュルツ会議）では、憲法は制定するものの、それはドイツの国民が自由な自己決定を行えるまでの暫定的なものであるから「基本法」とすることとした。「敗戦国であるとはいえ、自国の憲法に口出しするな。ドイツの憲法は自分たちで決める」という明確な意思表示である。

その後も、アメリカとフランスとのやり取りは続いたが、最終的には大筋でドイツ側の主張が認められ、ドイツ国民自身の手で憲法策定の作業が進められ、1949年5月8日に議会評議会で基本法が採択され、5月18日から21日にかけて各州議会で批准の賛否が問われ、最終的にはバイエルン州を除くすべての州が批准を行った。

かたやドイツ民主共和国では、1946年11月にドイツ社会主義統一党が憲法草案を発表したのち、1949年10月7日に、ワイマール憲法の系譜を受け継ぐ形でドイツ民主共和国憲法が成立し、即日施行された。その後、改正されて社会主義国の憲法としての色彩を強めたものになっていったが、あくまで自国の手続きに則って決められた憲法であり、その憲法は1989年にベルリンの壁が崩壊し、東西ドイツが再統一されるまで維持されていった。

ちなみに、ドイツ連邦共和国基本法はドイツが再統一されるまでの暫定的な憲法としての建前を持っていた。しかし、ドイツ再統一後も新しい憲法は制定されず、基本法を全ドイツに適用するために一部を改正したものの、現在も生き続けている。

【イタリアに対する戦後処理】

イタリアについては、ムッソリーニのあとを継いだバドリオ政権が1943年9月に連合国と休戦したのち、ドイツが降伏するまで対ドイツ戦に参加したことは前述したが、大戦終結後に連合国と対等な立場が与えられることはなかった。とはいえ、少なくとも日本やドイツに対するような扱いは受けることなく、その戦後処理においては、イタリア国民の自主性は尊重されたし、武装解除を強制されることもなかった。

戦後、連合軍の占領下に置かれたイタリアでは、左派勢力から「国王がファシスト政権を助けた」という声が上がり、王制廃止の議論が高まった。1946年6月2日には、共和制を選択するか、王制を選択するかの国民投票が行われた。その結果、共和制移行賛成が54・3%という僅差《きんさ》で勝利して、現在のイタリア共和国が成立した。そして、1947

年12月27日にはイタリア共和国憲法が公布され、翌年の1948年1月1日に施行された。言うまでもなく、イタリア国民自身が自主的に作成した憲法だった。

【その他、主な枢軸国に対する戦後処理】

スロバキア共和国は、大戦後、ソ連軍に占領され、その実態を失い、1945年にはチェコスロバキア亡命政府が帰国して、チェコスロバキア共和国が再興された。現在のスロバキア共和国は、1992年11月に、チェコスロバキア連邦議会でチェコ共和国とスロバキア共和国の連邦解消法が可決成立したことによって誕生した新しい国である。

アルバニア王国では、1944年11月にソ連の支援を受けたアルバニア共産党を中心した勢力によって臨時政府がつくられた。そして1946年には王政が廃止され、アルバニア人民共和国が成立。1991年にはアルバニア共和国に改めて、現在に至っている。

ハンガリー王国は、ソ連軍によって1945年4月4日には全土からドイツ軍が駆逐された。そしてドイツ崩壊とともにハンガリー軍の残存部隊も降伏。1946年2月1日には王制が廃止され、ハンガリー共和国（第二共和国）が樹立され、その後、ソ連の影響を大きく受けることとなった。

ルーマニア王国も、大戦後、ソ連による占領によって崩壊。1947年12月30日には君主制が廃止されて、ルーマニア共産党の一党独裁によるルーマニア人民共和国が正式に成立した。

クロアチア独立国は、1945年のドイツ降伏に伴い崩壊。同年5月8日には、その構成地域はすべてユーゴスラビアに戻され、クロアチア独立国は消滅した。

フィンランド共和国は、前述したように日独伊三国軍事同盟には加わらなかったが、ソ連に対抗するために枢軸国側についた。その後、ソ連軍の反攻によって押し戻され、1944年にはソ連と休戦し、休戦条件とされた国内駐留ドイツ軍駆逐のためのラップランド戦争を戦った。そのため、ドイツ降伏前には連合国との休戦に漕《こ》ぎ着けると同時に、他の東ヨーロッパの国のようにソ連の衛星国化や社会主義国化されることもなく現在に至っているし、同国に対し、なんらかの戦後処理が行われることもなかった。

タイ王国は、日本と日泰攻守同盟を結び、東南アジア戦線では積極的に日本に協力して枢軸国として戦った。しかし、その一方で、「自由タイ運動」などのように連合国と協力する勢力も存在していたため、1945年の大戦終結後は、1940年以降に獲得した領地を返還することでイギリスとアメリカとの間で講和を結び、降伏や占領から免れ、国連加盟後もいわゆる敵国条項の対象から外された。

ビルマは前述したように日本を後ろ盾として独立を宣言したものの、1945年3月27

日に、アウンサン（アウンサンスーチーの父親）が指揮するビルマ国民軍が日本の指導下にあった政府に対してクーデターを起こし、イギリス側についた。そして大戦後には再び、イギリスの植民地となったため、戦争責任を問われることはなかった。また、自由インド仮政府は、日本のポツダム宣言受諾《じゅだく》表明後、自然解体する形となり、戦争責任を問われることはなかった。

明らかに異質だった日本に対する戦後処理

ここまで長々と、第二次世界大戦の流れを説明してきたのは、連合国（戦勝国、特にアメリカ）の枢軸国（敗戦国）に対する一連の戦後処理の中で、日本に対する戦後処理が明らかに異質だったことを指摘しておきたかったからである。

１９４５年４月３日付けでアメリカ太平洋陸軍総司令に任命されていたダグラス・マッカーサーが同年８月14日に連合国軍最高司令官に就任し、10月２日には東京に連合国軍最高司令官総司令部（ＧＨＱ）が設置された。それは、占領下の日本を管理するための最高政策機関として、イギリス、アメリカ、中華民国、ソ連、カナダ、イギリス領インド、オーストラリア、ニュージーランド、フランス、オランダ、アメリカ領フィリピンの11か国

（のちにビルマとパキスタンも加わった）による「極東委員会」で、設置が決められた機関だった。

ＧＨＱは旧連合国（いわゆる戦勝国）各国から派遣された最大43万人の要員で構成されていたが、実際はマッカーサーを頂点としたアメリカ陸軍によってコントロールされていた。事実、イギリス軍とイギリス連邦諸国軍を中心に編成されたイギリス連邦占領軍が中国地方と四国地方を担当した以外、他のすべての都道府県をアメリカ占領軍が担当していたことでもそれは明らかだ。

そしてＧＨＱ（実質はアメリカ）は日本を占領するにあたって、ドイツでソ連、アメリカ、イギリス、フランスの４か国が分割占領した上で「直接統治」の形をとったのに対し、日本では、ＧＨＱがやりたいことを、ポツダム緊急勅令《ちょくれい》として日本政府に指示して実施させるという「間接統治」の形をとった。

その法的根拠は、１９４５年9月20日に公布・即日施行された〈「ポツダム」宣言ノ受諾ニ伴ヒ発スル命令ニ関スル件〉（昭和20年勅令第５４２号）〈〈政府ハ「ポツダム」宣言ノ受諾ニ伴ヒ聯合国《れんごうこく》最高司令官ノ為ス要求ニ係ル事項ヲ実施スル為特ニ必要アル場合ニ於テハ命令ヲ以テ所要ノ定ヲ為シ及必要ナル罰則ヲ設クルコトヲ得〉という勅令にあった。

この勅令は、降伏文書に「ポツダム宣言の履行と、そのために必要な命令を発しました措置を取る」とあったことから、大日本帝国憲法第8条第1項の「法律に代わる勅令」に関する規定に則って決められたものだったが、その内容は、前述の条文にもあるように、GHQ最高司令官の発する要求事項の実施について、特に必要がある場合には、たとえ帝国議会がその成立に関与すべき法律事項であっても、GHQの支持を受けた政府が命令で定められるし、罰則を決めることもできるというものだった。

「特に必要がある場合には」と但し書きがつけられてはいる。だが早い話、GHQは勅令という形で、天皇の権威を笠《かさ》に日本を自由にコントロールする仕組みをつくったのである。

それにしても、GHQはなぜ、日本を統治するにあたって、直接統治ではなく間接統治という方法を選択したのだろうか。

GHQは当初、進駐軍による軍政が敷かれる方針だったとされる。だが占領下の日本が無政府状態になることもなく、国民が粛々《しゅくしゅく》と敗戦を受け入れていたことに加え、日本政府の反対もあったからだとされる。しかし、私にはそれ以上にアメリカのずるさを感じてしまう。GHQはやりたいことを強引に押し付けて日本国民の反感を買うより、天皇制度を維持しつつ、表向きは日本政府にやらせたほうが統治しやすいと判断したのだろう。まさに頭がいいというか、狡猾《こうかつ》なやり方だった。

そしてGHQはまず軍隊を解体したのち、日本の民主化を旗印に、思想、信仰、集会および言論の自由を制限していた法令の廃止、特別高等警察の廃止、政治犯の即時釈放、大日本帝国憲法の改正、財閥解体、農地解放などの指示を立て続けに出していったのである。

こうした日本に対する占領統治は歴史的に見ても異質なものだった。そして日本はアメリカの思惑どおりの道を歩み始めることとなった。それを決定づけたのが、「日本国憲法」の制定である。

日本国憲法はアメリカの「日本支配計画書」

現行の日本国憲法は、抵抗力を失った日本国民にアメリカが押し付けた「日本支配計画書」であり、ただの〝不平等条約〟であるとさえ言える。

太平洋戦争終結後、アメリカは日本に対し、メイド・イン・USAの「日本国憲法」を押し付けるという暴挙に出た。その成立の過程については章を改めて詳しく検証するが、たとえ敗戦国といえども、国家たるものは自ら憲法をつくる「権利」を有することは当然のことだろう。

第二次世界大戦後、日本と同様に連合国の占領下となったドイツも、前述したように自らの手で憲法策定作業を進めていったし、その他の旧枢軸国においても、消滅した国は別として、それぞれ自前の憲法をつくって再建への道を歩んでいった。

そういう意味では、世界を見渡しても、他国がつくった憲法を自国の憲法としている国は日本以外に見当たらない。繰り返すが、現行の日本国憲法は、太平洋戦争で敗北し、アメリカ軍に占領され、国としての主権を停止させられた中、戦勝国アメリカが日本に突き付けた〝不平等条約〟だった。そして、そんな憲法を国家統治の根本規範としているのは日本だけだということだ。

私は、日本人はその現実をもう一度見つめ直すべきだ、と考えている。

それにしても、いったいなぜアメリカは、日本に憲法を押し付けるという暴挙に出たのか。それを理解するには、アメリカという国の本質を知ることが必要だ。第二章では、アメリカの本質とは何かについて考察していこう。

第二章

暴挙を生み出す
アメリカのイデオロギー

アメリカには2つの顔がある

アメリカという国を理解するために、まず押さえておきたいのは、アメリカには「国家としてのアメリカ」と「イデオロギーが支配するアメリカ」という2つの顔がある、ということである。

国家としてのアメリカが誕生したのは、イギリスからの独立を果たした1776年7月4日のことだ。以来、歴史を積み重ね、現在では50の州および連邦区からなる連邦共和国として存在している。その国土は985万平方キロメートルにおよび、人口は三億人を超え、世界最大の経済力と軍事力を誇り、様々な文化を有したあらゆる人種の人々が集まり生活している。

その建国の柱は、〈人生已ムヲ得ザルノ時運ニテ、一族ノ人民、他国ノ政治ヲ離レ、物理天道ノ自然ニ従テ世界中ノ万国ト同列シ、別ニ一国ヲ建ルノ時ニ至テハ、其建国スル所以《ゆえん》ノ原因ヲ述べ、人心ヲ察シテ之ニ布告セザルヲ得ズ〉（福澤諭吉訳）という書き出しで始まる「独立宣言」にも示されているように、「すべての人間は平等に造られている」とし、「不可侵・不可譲の自然権として、生命、自由、幸福の追求の権利を有している」ということである。その精神は、文字どおりに受け取るならば、まことにすばらしい理念だと言えるだろう。

しかし問題がある。その理念が通用するのはあくまで、イデオロギーを同じにする者たちだけだということだ。アメリカの歴史を振り返ると、その「アメリカのイデオロギー」が暴走してたびたび問題を起こしてきた。その歴史をたどってみよう。

血塗られたマニフェスト・デスティニー

多くのアメリカ人は、アメリカの歴史はイギリス国教会の弾圧を受けた清教徒《ピューリタン》（ピルグリム・ファーザーズ）102人が、メイフラワー号でイギリス南西部プリマスを旅立ち、新天地アメリカに到着した1620年に始まったと信じている。それ以前から、アメリカ大陸には先住民であるアメリカインディアンがおり、独自に文化を持って平和に暮らしていたにもかかわらず、である。

そもそもイギリスやフランスから白人がアメリカ大陸に入植し始めたのは16世紀のことだったが、彼らは大陸の東部から南東部にかけて住んでいた先住民族たちの土地を次々と奪い取って植民地にしていった。もちろん、先住民たちも白人の横暴を黙って見ていたわけではない。自らの土地を守るために戦った。だが、白人たちは圧倒的な軍事力で支配地域を広げていった。その過程で白人たちは先住民族に対して言葉に尽くしがたい残虐行為を行った。だが、アメリカ人が〝偉大なるアメリカ〟の歴史を語るとき、彼ら自身からその事実が語られることはなかった。すべてが「マニフェスト・デスティニー」(明白な運命)というイデオロギーに覆い隠されていたのだ。ここで、一気にメイフラワー号の時代に遡《さかのぼ》ってみよう。

ピルグリム・ファーザーズの非道

メイフラワー号は、当初、ヴァージニア入植地に近いハドソン川の河口付近を目指していた。だが嵐のために予定よりかなり北寄りの現在のマサチューセッツ州に漂着したので、そこで越冬して春を待って入植を開始した。しかし、持ってきた野菜や小麦を植えたもののほとんど収穫できずたちまち食糧難に陥った。1621年4月までに半数が病死したとされる。

その絶体絶命の窮状を救ったのは先住民族のワンパノアグ族だった。酋長《しゅうちょう》のマサソイトは「すべてを分かち合う」という先住民のしきたりに従って、清教徒たちに食糧を与え、狩猟やトウモロコシの栽培法なども教えた。おかげで清教徒たちは全滅から救われた。

だが、マサソイトが死ぬと清教徒たちはワンパノアグ族の土地を奪い、キリスト教への改宗を迫り始めた。それに抵抗したマサソイトの息子は殺され、その首は20年間もプリマスの港に晒《さら》され、彼の妻子と一族もまとめてカリブの奴隷商人に叩き売られた。

清教徒たちにとってキリストを信じない者は人ではなかったのだ。そして清教徒たちは、信仰を守り、自分たちが生き延び、利益を得るためなら平気で先住民を殺した。それは、その後、白人たちが「アメリカの西部開拓は神の意思による当然の運命である」とするマニフェスト・デスティニーの始まりとも言える行いであり、マニフェスト・デスティニーの暗黒面《ダークフォース》の発露だった。

チェロキー族の「涙の旅路」

一方ヨーロッパでは、オーストリアとプロイセン王国が対立する。オーストリア継承戦争（1740～1748年）でシュレジエン（現在のポーランド南西部からチェコ北東部の地域）を失っていたプロイセンが、イギリスと手を結び、一方のオーストリアはフランス、ロシア、スペインなどと手を結び、戦火がヨーロッパ中に広がった（七年戦争）。

そしてそれが北米大陸にも飛び火する。当時、アメリカ大陸では、北アメリカ大西洋岸から西方に植民地の拡大をはかるイギリスと、カナダからメキシコ湾に至る交易路の確保を狙っていたフランスが支配地域を巡って激しく対立していたが、１７５４年に「フレンチ・アンド・インディアン戦争」の火蓋《ひぶた》が切られたのだ。

この戦いに、フランス植民地は先住民族との同盟を結んで、イギリス軍とイギリス植民地軍の連合軍に挑んだ。そのため、フレンチ・アンド・インディアン戦争と呼ばれているが、言わば、七年戦争のアメリカ版であり、イギリスとフランスの植民地戦争の最終決戦だった。最終的にはイギリスが勝利して、イギリスは１７６３年のパリ条約でカナダとミシシッピ川以東の地域をフランスから獲得。フランス勢力を新大陸から追放した。また、イギリスはスペインからハバナとの交換で東フロリダを得て、北アメリカ大陸での覇権を確立。その後、北アメリカ大陸に成立していた13のイギリス植民地は、イギリスからの独立を目指すようになる。また、それと同時に、先住民族は〝開拓を邪魔する野蛮人〟と見做《みな》され、彼らに対する迫害はさらに過激さを増していった。

１７７５年４月19日にアメリカ独立戦争が始まったが、それと並行する形で、１７７６年には先住民族チェロキー族とイギリス植民地軍の戦い（チカマウガ戦争）も始まった。この戦いは１７９４年まで続いたが、結局チェロキー族は同年には、アメリカ合衆国（１７

83年独立）との間で休戦条約を結び、チカソー族、ムスコギー部族連合、チョクトー族、セミノール族とで五大部族連合を組み、白人の文明を受け入れる姿勢を示した。だが、白人はあくまで強欲だった。

1830年代になると、ジョージア州でゴールドラッシュが起き、白人たちは大挙して彼らの土地に侵入した。さらに大統領アンドリュー・ジャクソンは、彼らを西部のインディアン準州へ強制移住させる方針を決め、武力でこれを強要した。チェロキー族たちは激しく抵抗したが、結局、1838年には6万人がミシシッピ川の西のインディアン準州（現在のオクラホマ州）に移住することを余儀なくされた。そのとき、「墓に入るかと思える老婆でさえ、重い荷物を背負わされて歩かされていた」という記録も残されている。この移住強制は徒歩で行われ、「涙の旅路」と呼ばれた。チェロキー族だけで2000〜8000人の死者が出たとされている。

ワシントンもリンカーンも先住民迫害者だ

アメリカ建国の父としてアメリカ人に尊敬されているワシントンも、実は先住民族迫害に加担した1人だった。「フレンチ・アンド・インディアン戦争」では多数の先住民部族と同盟を結んだ上で、フランス軍側についた部族と殺し合いをさせたが、独立戦争の真っただ中の1779年には、軍に命じてイロコイ族を殲滅《せんめつ》させた。そのワシントンは、「姿こそ違えど、インディアンはオオカミと同様の猛獣である」とも言い放っている。1783年のことである。

また、奴隷解放で知られるリンカーンも、先住民族を人間扱いしなかった点では、ワシントンと同様だった。彼は1863年に奴隷解放宣言を発布した前後にスー族の討伐命令を下している。

そもそもアメリカ政府は1851年に、スー族に迫ってむりやり「トラバース・ド・スー条約」と「メンドータ条約」を結ばせていた。その内容は「ミネソタ内にあるスー族の伝統的な狩場9600㎡を、166万5000ドルの一時金と引き換えに、アメリカ合衆国へ譲渡し、ミネソタ川上流を挟む幅32㎞、長さ240㎞の保留地に入る」というもので、その代償として、毎年、年金や食糧品などを提供すると約束していた。だが、約束された年金は届かず、渡される食糧品は粗悪を極めるものだった。

それに耐えかねたスー族が1862年8月に決起すると、リンカーンは騎兵隊に命じて全滅させた。それに続き、1863年7月には騎兵隊にナバホ族を襲わせた。アメリカ人のフロンティア拡大（西部への進出）の邪魔になるというのが理由だった。

そして捕らえた8500人ものナバホ族に、約483㎞も離れた強制収容所への〝徒歩の旅〟を強要した。「ロング・ウォーク・オブ・ナバホ」として知られている。この旅で数百人の死者が出たが、そのほとんどが子供や老人だったとされている。

その後も白人の先住民に対する非道は続いた。1864年11月には、「サンドクリークの虐殺」が起きている。アメリカ軍が無抵抗のシャイアン族とアラパホー族の村を襲い、無差別虐殺を行ったのだ。日頃から「インディアン絶滅キャンペーン」を張っていたデンバーの地元新聞『ロッキー山脈ニュース』は、〈インディアンとの大会戦！　野蛮人どもは追い散らされた！　インディアンの死者500人、わが軍の損害は死者9人、負傷者38人！〉と見出しをつけて、その〝快挙〟を報じた。

このとき指揮をとったのは、元牧師だったジョン・M・チヴィントン大佐だったが、先住民をシラミにたとえるほどの差別主義者だった。彼はその後、軍事裁判にかけられ、その残虐なふるまいが次のような証言で明らかとなった。

「インディアンの男たちが前に立って女と子供は助けてくれと懇願した。だが、彼らは即座に撃ち殺された。何人かが武器を取って反撃したがみな殺された」

「40人ほどの女が窪みにかたまっていた。彼らは6歳くらいの女の子に白旗を持たせて窪みから出したが、その子は3歩も歩かないうちに撃ち殺された。女たちも撃たれ、まだ息がある者も含めて頭皮が剝《は》ぎ取られた」

「女の腹が裂かれ、そばに胎児が転がっていた。どの子供も母親と一緒に殺されていた」

もともとこの虐殺は、先住民の居留地の一角であるパイクス・ピークで金が見つかったことが発端だった。そのためインディアンが邪魔になった白人たちは女子供まで斬殺したのだ。まさに先住民を根こそぎ抹殺《まっさつ》しようとする所業だった。だが、チヴィントンは退役を理由に実刑は免除された。そしてこの事件もまた、マニフェスト・デスティニーというイデオロギーにより、アメリカ人の記憶から消し去られていった。

こうして西海岸までたどりついたアメリカ人は、マニフェスト・デスティニーの名のもと、さらに膨張を続けていくことになるのである。

必然性がなかったアメリカの対外戦争

歴史的に見たとき、アメリカは、イギリスからの独立戦争を別にすれば、他国と戦争する必要がほぼゼロの国だった。東は大西洋、西は太平洋が広がり、他国から侵略を受ける心配もなかった。また国土は十分な広さがあったし、資源も豊かだった。だが、時代が進むにつれ、徐々に他国の領土に手を出すようになっていく。

たとえば、イギリスとの独立戦争後にアメリカが他国とやった大規模な戦争と言えば、1846年から1848年にかけてメキシコとの間で戦ったメキシコ・アメリカ戦争（米墨戦争）が知られている。

この戦争のことをアメリカは「メキシコ戦争」（Mexican-American War）と呼んでいるが、メキシコは「アメリカのメキシコ侵略」（American Invasion of Mexico）と呼んだり、スペイン語で「アメリカの武力干渉」（Guerra de Intervención Estadounidense）と呼んだりしている。それもそのはず、この戦争は、アメリカが国境紛争を口実にして、テキサスの土地を奪おうと侵略したことから始まった戦争だったからである。

テキサスはもともとスペインの支配下にあったが、1821年にメキシコが独立するとその一部となった。そこに多くのアメリカ人が入植していった。1834年までに、テキサスには約750世帯ものアメリカ人入植者があったとされる。そしてアメリカ人入植者が増えるとともにメキシコ政府としばしば衝突するようになり、1836年にはアメリカ人入植者たちが独立を宣言してテキサス共和国と名乗って、アメリカに併合してくれるように申し出た。それに対してアメリカ政府はメキシコ政府に500万ドルでテキサス買収を持ちかけたが、メキシコ政府は拒否、1835年にはついに、アメリカ人入植者たちが「テキサス革命」と称して武装蜂起した。テキサス独立戦争の始まりだ。

この戦いの中でも、1836年2月23日から3月6日にかけて起きたメキシコ共和国軍とテキサス分離独立派（テクシャン反乱軍）の戦闘「アラモの戦い」はよく知られている。

このアラモの戦いで、189名のテキサス軍・アラモ守備隊のほぼ全員が戦死したとされるが、そのときアメリカが持ち出したのが、「アラモを忘れるな！」というスローガンだった。そして1か月半後の1836年4月21日に、ヒューストン将軍指揮のテキサス軍が「サンジャシントの戦い」でメキシコ軍を打ち破り、翌日の22日にはメキシコ共和国のサンタ・アナ大統領を捕らえ、命と引き換えにメキシコの支配権をテキサス暫定政府に譲渡させ、テキサス共和国を正式にメキシコから独立させるとした。

しかし、メキシコ政府が黙っているはずもなかった。メキシコ政府は、テキサスの独立を承認せず、それに対し、アメリカ政府はアメリカ人入植者への損害賠償を主張して両国関係はさらに悪化。1845年末にアメリカのポーク大統領がテキサスのアメリカへの併合を宣言すると、メキシコはアメリカとの国交を断絶。1846年4月25日に、ついにヌエセス川とリオ・グランデ川の間の係争地域で両軍が衝突した。

この戦いはアメリカ軍の圧倒的優位のもとに展開。メキシコ北部に侵入したのち、ニュー・メキシコを征服。さらにカリフォルニアに進撃して、サン・ディエゴ、ロサンゼルス、モンテレーを占領して、カリフォルニアを制圧した。

さらにアメリカ軍はメキシコシティに進撃し、1847年9月に占領して、1848年2月2日には講和条約を結んで、ニュー・メキシコとカリフォルニアを獲得したのである。

このアメリカの快進撃を支えたものこそ、「マニフェスト・デスティニー」というイデオロギーだった。文字どおり、アメリカの勢力図をアメリカ大陸西部や南西部に広げていくのは〝神の意思だ〟というわけである。

つまり、この戦争は、アメリカという国を守るためではなく、マニフェスト・デスティニーというアメリカのイデオロギーを膨張させるための戦争だったのだ。

しかもその裏には、アメリカ人の貪欲さが見え隠れする。マニフェスト・デスティニーはあくまでも表面的な言葉にすぎない。実は、大陸西部や南西部に版図《はんと》を広げ、さらに太平洋岸の港からアジアへ進出して、貿易や植民地で利益を上げたいという貪欲さが一番のエネルギーだったと言える。アメリカ人の中にもそれを自覚していた者がいる。そのため、メキシコ・アメリカ戦争は、「アメリカ史上最も不正な戦争」とも言われている。

繰り返された野望まみれの対外戦争

1893年1月16日には、アメリカはハワイ王国に海兵隊員164人を送り込み、親米派による傀儡《かいらい》政権を打ち立てた。この事態にハワイの王党派からの要請を受けた日本政府は、同年11月、邦人保護を理由に東郷平八郎率いる防護巡洋艦「浪速《なにわ》」他2隻《せき》をハワイに派遣してクーデター勢力に睨《にら》みをきかせた。この日本の軍艦派遣は、アメリカによるハワイ併合を牽制する一定の効果はあったが、もはや王党派が以前の勢力を取り戻すことはできないまま、結局、1898年7月7日に、ハワイはアメリカに併合されることとなった。そのときの大統領ウィリアム・マッキンリーは、「海のフロンティア開拓」を掲げていた。こうしてアメリカは太平洋進出の第一歩を踏み出し、野望にまみれた対外戦争を繰り返すようになっていった。

ここで、メキシコ・アメリカ戦争後にアメリカが行った主な対外戦争を見ておこう。そうすることで、アメリカが行った対外戦争が、決して避けては通れない戦争ではなかったこと、そしてそれがマニフェスト・デスティニーに裏打ちされていたという現実が見えてくるはずだからである。

【主なアメリカの対外戦争】

●米西戦争（1898年4月〜1898年8月）

1898年2月にハバナ湾でアメリカ海軍の戦艦が爆発、沈没したのをきっかけに、アメリカのメディアはスペイン人のサボタージュが原因であると主張し、「リメンバー、メイン。くたばれスペイン！」とセンセーショナルに報道。アメリカ政府は世論に押される形で、5月1日、香港《ホンコン》を出港したアメリカ太平洋艦隊が、マニラ湾でスペイン艦隊を攻撃して、両国は戦争状態に突入した（マニラ湾海戦）。その後、アメリカが有利に戦いを進め、スペインは太平洋艦隊、大西洋艦隊を失い、交戦状態は8月12日に停止。12月10日にパリで和平条約が調印され、アメリカはプエルトリコ、フィリピン、グアムを領土として獲得し、キューバを保護国とした。

●米比戦争（1899年2月〜1902年4月）

米西戦争のとき、アメリカはスペインの植民地だったフィリピンに対して「独立させてやる」と約束していた。だがアメリカは米西戦争に勝利したのち、スペインから2000万ドルでフィリピンを購入して自国の植民地としてしまった。それに対して独立を目指すフィリピン武装民兵とアメリカ軍の間で1899年2月4日に武力衝突が発生、アメリカ軍は1902年4月までにフィリピン武装民兵を制圧して戦争は終結した。ちなみにこの戦いで、アメリカ軍は戦争終結までの4年間に20万人から150万人のフィリピン人を殺害したとされている。

●義和団の乱への派兵（1900年7月〜1901年9月）

1900年6月21日に清《しん》国が欧米列国に宣戦布告したが、2か月もしないうちに欧米列強国軍は首都北京《ペキン》および紫禁城《しきんじょう》を制圧し、清朝は莫大《ばくだい》な賠償金の支払いを余儀なくされた。この戦いに、日本、ロシア、イギリス、フランス、イタリア、ドイツ、オーストリア・ハンガリーとともにアメリカも派兵して、清から賠償金をせしめた。

ちなみにアメリカは、その賠償金のうち1100万ドルを中国に返還し、1911年に、アメリカへ留学する学生を養成する学校「留美予備学校」(のちの清華学堂、現在の清華大学)を設立させた。このように、他国に軍隊を送り込んで戦争をし、その賠償金で自国に留学する学生を育てる学校をつくる「アメリカ方式」に対し、毛沢東《もうたくとう》は、形を変えた「侵略」であると指摘していたという。

●コロンビア領パナマ侵攻(1902年)

内戦中のコロンビアの反政府武装民兵を制圧するとして、アメリカ軍がコロンビア領パナマに侵攻した。

●キューバ侵攻(1906年9月~1909年)

保護国としていたキューバの反政府武装民兵の制圧を目的としてキューバに侵攻し、1909年に撤退するまでキューバを占領統治した。

●ニカラグア侵攻(1912年~1933年)

アメリカに協力的な政権を樹立するためとして、1912年にニカラグアに侵攻し占領。占領統治は1933年まで続いたが、ニカラグア独立運動勢力からの要求により撤退した。

●メキシコ侵攻（1914年4月）

メキシコ革命戦争時に、アメリカ軍兵士がメキシコ政府軍に拘束されたことをきっかけに、革命勢力を支持してメキシコ政府の打倒に協力するとしてメキシコのタンピコ港を攻撃して7か月間占領した。

●ハイチ侵攻（1915年～1934年）

アメリカに協力的な政権を樹立するために、1915年7月にハイチに侵攻して占領。1935年8月、ハイチ独立運動勢力の要求により撤退した。

●メキシコ侵攻（1916年～1917年）

メキシコ革命戦争の最中に、革命派武装民兵によりアメリカの民間人が殺害されたことを理由に、武装民兵という名目でメキシコに侵攻したが、実現できないまま撤退した。

●ドミニカ侵攻（1916年8月～1924年）

アメリカに協力的な政権を樹立するために、1916年5月にドミニカ共和国に侵攻し占領した。1924年、選挙で新たな政権が樹立されたことを受けて撤退した。

●第一次世界大戦参戦（1917年4月～1918年11月）

アメリカは1914年7月の第一次世界大戦開戦後も議会と国民の反対により参戦に踏み切らず、関与はイギリス、フランスに対する武器・物資の供給に限定していた。だが、1915年5月7日にドイツ軍潜水艦によるイギリス客船ルシタニア号攻撃によって、128名のアメリカ人が死亡したことをきっかけに世論が高まった。それでもアメリカ政府は不参戦を表明、ドイツも一時は潜水艦による無差別攻撃をゆるめた。しかし、1917年以降、ドイツは再び無制限潜水艦戦に転換するとアメリカの世論は一気に参戦に傾き、アメリカ政府は1917年4月6日についにドイツに対して宣戦布告し、ヨーロッパ戦線に参戦した。実はその裏には、イギリスやフランスのアメリカに対する戦時債務が膨れ上がっていたという事情があった。イギリス、フランスの敗戦で債権を失うことを恐れての参戦だったとも言われている。

●第二次世界大戦参戦（1941年12月〜1945年8月）

アメリカは1939年9月3日の第二次世界大戦開戦後も、議会と国民の反対により中立を継続し、第二次世界大戦への関与はイギリス、ソ連に対する武器・物資の供給に限定していた。だが、1941年12月8日、日本が真珠湾を攻撃したのを機に、「リメンバー・パールハーバー！」と国民世論を煽《あお》り、日本に宣戦布告して太平洋戦線に参戦した。

また、日本がアメリカに宣戦布告したことでドイツもアメリカに宣戦布告。それに伴い、アメリカ議会もドイツに宣戦布告して、ヨーロッパ戦線へも参戦することとなった。

それにしても、なぜアメリカは日本と戦うことにしたのか。簡単に言ってしまえば、日露戦争でロシアを破った日本が邪魔になったからである。

日露戦争（1904〜1905年）のときは、アメリカは日本に対して友好的だった。ロシアにおける満州占領を恐れていたからだ。だが、日露戦争に勝利した日本が満洲に進出して地歩を固めると、中国での利権を手に入れたいアメリカにとっては日本がやっかいな存在となっていった。

その日本が1937年に日中戦争に突入して、日本、満州、中国、東南アジアを統合した経済圏（大東亜共栄圏）の構築を打ち出すと、アメリカは、日本に対して、石油をはじめとする資源の輸出制限を打ち出した。アメリカ（America）、イギリス（Britain）、中華民国（China）、オランダ（Dutch）による、いわゆるABCD包囲網である。その結果、資源入手の道を閉ざされた日本はギリギリのところまで追い込まれ、ついに真珠湾攻撃に踏み切ることを決意したが、実はアメリカはそれを待っていたとされている。そういう意味では、太平洋戦争はアジアにおける利権を狙うアメリカによって巧妙に仕組まれた戦争だったとする研究者は少なくない
ちなみに戦後日本を支配したマッカーサーも、1951年5月にアメリカ上院の軍事外

交合同委員会で次のように発言している。

There is practically nothing indigenous to Japan except the silkworm. They lack cotton, they lack wool, they lack petroleum products, they lack tin, they lack rubber, they lack a great many other things, all of which was in the Asiatic basin.

They feared that if those supplies were cut off, there would be 10 to 12 million people unoccupied in Japan. Their purpose, therefore in going to war was largely dictated by security.

【訳】蚕《かいこ》を除けば、日本原産のものは実質的に何もありません。彼らには綿がない、羊毛がない、石油製品がない、スズがない、ゴムがない。それらはすべてアジア地域に存在していた。彼らは、それらの供給が断たれた場合、日本で１０００万から１２００万の人々が失業するだろうと恐れていた。従って、戦争に突入した彼らの目的は、その大部分が安全保障の必要に迫られてのことだったのである。

アメリカの自分勝手なイデオロギー

第二次世界大戦までにアメリカが対外戦争に踏み切った主な例を挙げたが、いずれにしても、アメリカの対外戦争が、自国民の生命を守るために国家の命運をかけてでも参戦する必要のある戦いではなかったことがわかるだろう。

その多くは国家防衛のためではなく、自国に利益をもたらすため、あるいは相手国にアメリカにとって有利な政治体制をつくるための手段としての戦争だった。

私が、「アメリカは他国と戦争する必要がほぼゼロの国だった」と前述した理由はここにある。

そして今も、アメリカという国は、「アメリカというイデオロギー」（本書では「アメリカンイデオロギー」と呼ぼう）に支配されている。アメリカ人自身はあまり気づかないが、それはアメリカの憲法、あるいは国家としてのアメリカを超えた存在になっているとも言える。

アメリカという国家を規定するものとして、確かに「アメリカ合衆国憲法」が決められているし、連邦制を構成する各州もそれぞれが独自の憲法を有している。だが、アメリカはそれだけで存在しているわけではない。仮に憲法がなくなっても、アメリカは存在し続けるだろう。それを可能とするのが、マニフェスト・ディスティニーの伝統を脈々と受け継いでいる「アメリカンイデオロギー」だ。

アメリカ独立宣言には「我々は次の事実を自明と信ずる。すべての人間は平等であり、神により生存、自由、幸福を追求する権利など、侵すべからざる権利を与えられている」と書かれている。アメリカは、その権利を手にするために、イギリスと戦い、独立を勝ち取った。それは一種の〝革命〟だったと言えよう。そしてその革命に成功したアメリカは、事あるごとに「権利を守るために我々は戦うのだ」と自らの絶対正義を主張するようになった。しかし、それはあくまでもアメリカンイデオロギーに基づいた勝手な主張にすぎない。それにもかかわらず、それを他国にも押しつけようとする。

アメリカにはアメリカの理屈があるように、他国には他国の理屈がある。その関係において、絶対的な正義などあり得るはずがない。だがアメリカンイデオロギーにどっぷりと浸かった信奉者たちは、世界を取り巻く現実を見ようとせず、もはやカルトと言ってもいいほどの情熱を持って、さらなる革命の場を模索し、開拓しようとしてきた。

そして第二次世界大戦が終わったとき、彼らはアメリカンイデオロギーの実験場として日本に目を向けることとなる。そのアメリカンイデオロギーがほんとうに正しい、人類普遍のものならまだいいだろう。しかし私には、どうしてもそうだとは思えない。

アメリカの個人権利主義は共同体を壊す

古今東西の哲学者の多くは、「人間は他の人間とともに存在する」と規定している。アリストテレスも、プラトンも、孔子も、孟子も、そして聖トマス・アクィナスもその点では一致している。私もそのとおりだと思う。人間は1人では自分の存在価値を認識することもできない存在である。

たとえば人間は、1人でも天文学、生物学、化学などを学び、知識を身につけることはできるだろう。化石を研究するとき、文献にあたることである程度は化石のことがわかるようになれる。星や惑星についてもそうだし、ミミズやライオン、あるいはクジラについても学ぶことはできる。

しかし、いくら勉強しても、自分1人だけでは〝人間〟を理解することはできないだろう。たとえば鏡で自分の顔を見たり、実験室で自分の血液の細胞などを顕微鏡で調べたり、自分の声を聞いて分析したりしても、〝人間〟そして〝自分〟というものを理解できる可能性はゼロである。

それはなぜかというと、我々は〝この世を通り過ぎていく旅人〟だからだ。この世では、我々人間はみな、遍路する者であり、外国人である。だから、いくら勉強して知識を身につけても、自分が存在している根本的な意味を理解することはできない。人間は、他の人間とつき合うことで、初めて〝人間〟(つまり、ヒトとヒトとのアイダ)がわかるようになる。我々の本質は、決して〝個人〟ではないのである。

そもそも人と接するにあたって、相手なり自分のことを〝個人〟として認識しようとすることと自体がおかしなことである。

我々は〝パーソン（人間）〟である。パーソンという言葉は、ラテン語の「仮面《ペルソナ》」に由来しているが、パーソンのこころには神様の像（愛情）が刻印されている。

そのパーソンを個人として理解しよう、神様（人智を超えた存在）を抜きにして理解しようとすると、個人という概念が躍り出てきて、「権利」しか見えなくなる。

権利は愛情の反対である。たとえば、自分が今日初めて出会った人のことをほんとうに知りたいと思ったら、大前提としては、その人を愛さなければならない。そうしなければその人のことを知ることが不可能だ。なぜかというと、私も他人も、もともと神様に愛されて創造された存在だからである。

そんな人間本来の側面を無視して、その人間を個人（単なる権利の持ち主）として、ひどい場合は、ただの物理的存在として理解しようとしたのが、アメリカのリベラルだった。リベラルを自称する人々は、何より「個人」と「権利」を重んじた。そして本来あるべき共同体としての有り様を否定した。私はそんな彼らを「個人権利主義者」と呼ぶ。

その結果、アメリカは神を捨て、個人権利主義の道を歩くこととなり、人と人との関係がどんどん薄くなっていった。

アメリカで、なぜ連邦政府があれほど膨張していったのかも、人と人との間の愛情が欠けていったからである。

そもそも強いコミュニティは強い絆《きずな》から始まるものだ。

それぞれの人が、自分の家族やご近所さんたち、あるいは自分の住む村、自分の先祖たちを愛していれば、特に力を持った統治機構など必要ない。

しかし、人と人との関係が希薄になればなるほど、集団を統率するための組織が必要になってくる。社会の秩序が悪化して、かつては愛情によって保たれていた治安が失われていくから、警察、刑務所、最終的には軍隊の存在が必要になる。

アメリカはまさにそんな道を歩んだのだ（その原因は様々だが、マルクス主義も大きな役割を果たした。その点については章を改めて詳しく書く）。

そして、アメリカは強大な力を持つ連邦政府を有する国になっていった。アメリカは刑務所の数の多い国だが、それは個人権利主義の国だからである。個人の権利を守るために、それを脅かす大勢を刑務所の中に入れなければならないからなのだ。

そのアメリカは日本を挑発して太平洋戦争に引きずり込んだ。なぜアメリカが日本を挑発したのか。

それは、日本には古くからの歴史に裏付けられた伝統と秩序があり、アメリカが信奉する「リベラル」という前提を真っ向から否定する〝神の国〟だったからである。

また日本は〝愛情〟に満ちた国でもあった。今はちょっと薄まってしまい、残念に感じているが、日本の社会にはまだまだ愛情の基盤が残っている。特に地方にその絆《きずな》の強さを感じるのは私ばかりではないだろう。もちろん、ここでいう「愛情」とは、「恋愛」「恋」の意味ではない。もっと広いもので、お互いの存在を許容し合い、価値観を共有し、他人を理解して許す〝こころ〟のことだ。それを持つのはなかなか難しいことなのだが、日本にはそれがあった。

しかし、リベラルな個人権利主義者たちはそんな愛情が大嫌いだ。個人の権利と他者への愛情は並立しないし、革命の邪魔にしかならないからだ。

しかも、その愛情に満ちた神の国は、北米大陸を征服して太平洋に進出し、イギリスをはじめとする先輩列強に倣《なら》ってアジアの国々における利権を我が物にしようとしていたアメリカにとって、なんとも邪魔で目障りだった。どうしても消してしまいたい、戦争に引きずり込んででも絶滅させなければならない存在だった。だから、日本本土への無差別大空襲も、広島・長崎への原爆投下も厭《いと》わなかった。そして完膚《かんぷ》なきまで叩いた後、日本を占領下に置いたアメリカはさらなる日本解体への作業に入っていったのである。

アメリカンイデオロギーの実験場となった日本

第二次世界大戦では、枢軸国《すうじくこく》として戦った多くの国は消滅するか、連合国に占領されることとなった。当然、占領された側からの激しい反発が予想されたから、戦勝国の占領国への対応も慎重なものとなった。特に日本は問題だった。

ドイツはドイツ国防軍がほぼ壊滅していたが、日本の内外には154個師団700万人もの兵力が残存していた。それに、ドイツは、アメリカ、イギリス、フランス、ソ連の4か国で分割統治していたが、日本の占領統治はほぼアメリカのみで行うこととなっていた。

わずか前まで、カミカゼを恐れていたアメリカが、「直前までアメリカと真正面から渡り合っていた日本が黙って無条件降伏を受け入れるとは思えない。当然、激しく反発してくるだろう」と予想し、危機感を募らせ、慎重になったのも当然だった。実際、マッカーサーが、1945年9月2日の降伏文書の調印に先立ち、8月30日に専用機「バターン号」で神奈川県の厚木《あつぎ》海軍飛行場に到着したとき、ひどく怯《おび》えていたと伝えられている。そのマッカーサーがまず着手したのは日本軍の武装解除だった。

しかし、日本人は占領軍を粛々《しゅくしゅく》と受け入れた。それは、日本には天皇がおられたからだ。

1945年8月15日正午の昭和天皇の玉音放送を聞いた日本国民は、敗戦を受け入れ、それこそ日本人のおもてなし、丁寧さ、礼儀正しさを持って、GHQと向き合ったのだ。およそ、アメリカ人には理解できないことだったに違いない。

しかし、アメリカは日本が従順さを示すのをいいことに、日本国全体を「アメリカンイデオロギー」による革命を実践するための新たな実験場にしていった。

その典型がまさに「日本国憲法」の制定だった。そしてアメリカの実験は大成功する。またさらに言うならば、アメリカがつくった「日本国憲法」を受け入れた日本人自身が、その呪縛《じゅばく》にがんじがらめになっていった。それが、日本が公式にポツダム宣言による降伏文書に調印した1945年9月2日から72年間の月日が流れた今も、日本が抱える大きな問題となっている、と私は考えている。

そこで第三章では、日本国憲法制定のプロセスを追うこととする。

第三章

日本国憲法はいかにしてつくられたか

憲法改正に消極的だった日本政府

1945年8月、GHQへの対応に追われる中、公式ながら日本政府の一部グループによる憲法見直しの検討が始められていたが、東久邇宮稔彦《ひがしくにのみやなるひこ》内閣は消極的で具体的な成果には結びつかなかった。憲法改正どころではなかったというのが正直なところだろう。

一方、マッカーサーは10月4日に「自由の指令」を出し、無任所国務大臣の近衛文麿《このえふみまろ》に憲法改正を示唆《しさ》した。それを受けた近衛は、元京大教授だった佐々木惣一《そういち》とともに内大臣府御用掛として憲法改正の調査に乗り出したが、それも内々の動きだった。

同年10月9日には、東久邇宮内閣に代わって幣原喜重郎《しではらきじゅうろう》内閣が誕生した。幣原内閣もまた憲法改正には消極的だったし、宮中を所管する内大臣府が憲法問題を扱うことに反発する声が出て、10月25日に松本烝治《じょうじ》国務大臣を委員長とする憲法問題調査委員会（いわゆる松本委員会）が設置された。

11月22日には、近衛は「帝国憲法ノ改正ニ関シ考査シテ得タル結果ノ要綱」を天皇に奉答、同月24日、佐々木惣一もまた独自に「帝国憲法改正ノ必要」（日付は11月23日付け）を奉答した。

近衛の提出した「帝国憲法ノ改正ニ関シ考査シテ得タル結果ノ要綱」は、帝国憲法改正の必要の有無について、「我国今回ノ敗戦ニ鑑ミ国家将来ノ建設ニ資スルガ為ニ帝国憲法改正ヲナスノ要アリ、単ニソノ解釈運用ノミニ頼ルベカラズ」という言葉で書き出されていたが、あくまでも「大日本帝国憲法」を改正するという案だった。また佐々木案も、あくまで大日本帝国憲法を改正するという点では同様だった。ちなみに、佐々木案が奉答された24日には内大臣府は廃止され、戦犯逮捕命令が発せられた近衛は、出頭を目前にした12月16日未明に服毒自殺を遂げた。

その後、松本委員会による「憲法改正案」（松本四原則）が帝国議会で明らかにされたのは、12月8日のことだったが、その内容もまた、大日本帝国憲法改正を前提に、①天皇の統治権総覧の堅持、②議会議決権の拡充、③国務大臣の議会に対する責任の拡大、④人民の自由・権利の保護強化というものだった。

翌年の1946年に入ると松本は自ら憲法改正私案を作成し、それを松本委員会のメンバーだった宮沢俊義《としよし》東大教授に要綱の形にまとめさせた。松本はそれにさらに手に入れて、1月26日の憲法問題調査委員会に「憲法改正要綱」（甲案）として提出したが、そこで大幅な改正案を用意すべだという声が上がったことから、「憲法改正案」（乙案）もまとめられた。

この頃、政府とは別に民間識者による様々な憲法草案が発表されていた。たとえば、1945年12月26日には、統計学者の高野岩三郎を中心とした憲法研究会は、国民主権や生存権規定、寄生的土地所有の廃止など、大日本帝国憲法を大きく変える内容を盛り込んだ「憲法草案要綱」を発表している。また、1946年になると各党も相次いで改正草案を発表するようになったが、その中で天皇制を廃止した上で新たな憲法をつくることを提案したのは日本共産党のみだった。

だが、この段階で国民の多くは憲法改正の動きがあることなど何ひとつ知らされていなかった。

国際法を無視した「マッカーサー三原則」の押し付け

こうした日本側の動きに対し、GHQが憲法草案の起草へと動き出したのは、1946年2月3日にマッカーサーが三原則を示してからのことである。実は、2月1日に松本委員会の試案が毎日新聞にスクープされたのだが、それを見たマッカーサーは「日本の民主化のために不十分であり、国内世論も代表していない」と判断して、GHQ民政局に対して憲法草案を作成するよう命じたのだ。

その三原則とは次のような内容だった。

【マッカーサー三原則】

①天皇は、国の元首の地位にある。

- 皇位の継承は、世襲である。
- 天皇の職務および権能は、憲法に基づき行使され、憲法の定めるところにより、国民の基本的意思に対して責任を負う。

②国家の主権的権利としての戦争を廃棄する。

- 日本は、紛争解決のための手段としての戦争、および自己の安全を保持するための手段としてのそれをも放棄する。
- 日本はその防衛と保護を、今や世界を動かしつつある崇高な理想に委ねる。
- いかなる日本の陸海空軍も決して許されないし、いかなる交戦権も日本軍には決して与えられない。

③日本の封建制度は、廃止される。

- 皇族を除いて華族の権利は、現在生存する者一代以上に及ばない。
- 華族の授与は、こののち、どのような国民的または公民的な政治的権力を含むものではない。
●予算の型は、イギリスの制度に倣《なら》うこと。

つまり、天皇制は認めるもののその主権は認めないとし、戦争の放棄、戦力の不保持という世界でも類を見ない日本国憲法につながる原型が示されたのである。そもそも国際法上、「一国の主権が侵害されているときに、その国の根本的な法体系や憲法を占領国が変えてはならない」とされているにもかかわらず、である。

ちなみに、1946年2月3日、GHQ民政局長だったコートニー・ホイットニーは、マッカーサーに対して、「極東委員会が憲法改正の政策決定をする前ならば憲法改正に関するGHQの権限に制約がない」と進言していた。

極東委員会は、1945年12月にモスクワで開かれたアメリカ、イギリス、ソ連の三国外相会議で設置された日本の占領管理に関する機関でGHQの上に位置しており、「委員会が決定した政策は、アメリカ政府を通じて、連合国最高司令官に指令として伝達されることが原則とされると同時に日本の憲政機構、管理制度の根本的変更および日本政府全体の変更については、必ず委員会の事前の決定を必要とすること」とされていた。だが緊急を要する問題については、「中間指令権」が認められていた。いざというときには委員会の決定を待たずにアメリカが指令を発してもよいということだ。

ホイットニーは、マッカーサーに「そのスキをつけ」と進言したのである。そして、翌日の2月4日にはGHQ民政局内に作業班が設置され、GHQ草案（マッカーサー草案）の起草作業が開始された。本書の冒頭で登場した3人も、その中にいた。

GHQはこうして起草作業を急ぐ一方で、日本政府に対して政府案の提出を要求した。それに応えて、2月8日、日本政府は松本委員会がまとめた「憲法改正要綱」「憲法改正案ノ大要ノ説明」などをGHQに提出した。

しかし、日本側が用意した憲法改正案はあっさり否定された。2月13日、外務大臣官邸にやってきたホイットニーは、松本国務大臣、吉田茂外務大臣らに対して、「日本の改正案を拒否する」と断じて、その場でGHQの手による草案を手渡した。

その後も松本は、「憲法改正案説明補充」を提出するなど、GHQに対して巻き返しをはかったが、GHQの決定を覆すことはできなかった。そこで日本政府は、2月22日の閣議でGHQ草案に沿う憲法改正を行うという方針を決め、2月27日、法制局の入江俊郎次長と佐藤達夫第一部長が中心となって日本政府案の作成に着手した。

その日本政府案の試案ができたのは3月2日のことだった。松本と佐藤は、それをGHQに出向いて提出、その後、佐藤は同日夕方から確定案作成のためGHQの民政局員との徹夜の協議に入り、5日午後にすべての作業を終了した。こうしてつくられた確定案は3月6日、「憲法改正草案要綱」として発表され、その後、ひらがな口語体での条文化が進められ、4月17日に「憲法改正草案」として公表された。

その内容は、第1条の「天皇ハ日本国民至高ノ総意ニ基キ日本国及其ノ国民統合ノ象徴タルベキコト」から始まっていたが、第9条は「国ノ主権ノ発動トシテ行フ戦争及武力ニ依ル威嚇《いかく》又ハ武力ノ行使ヲ他国トノ間ノ紛争ノ解決ノ具トスルコトハ永久ニ之ヲ抛棄《ほうき》スルコト／陸海空軍其ノ他ノ戦力ノ保持ハ之ヲ許サズ国ノ交戦権ハ之ヲ認メザルコト」となっていた。

実は、この憲法改正の動きはアメリカ本国も知らないまま秘密裡に進められた。もちろん極東委員会もまったく寝耳に水だったため態度を硬化させ、マッカーサーに対して「日本国民が憲法草案について考える時間がほとんどない」という理由で、4月10日に予定された総選挙の延期を求めた上で、憲法改正問題について協議するためにGHQから係官を派遣するように要請した。しかしマッカーサーはそれを無視してGHQ主導による憲法改正作業を強引に進めていった。

1946年4月17日、「憲法改正草案」は大日本帝国憲法の規定に従い、枢密院《すうみついん》に諮詢《しじゅん》された。しかし、4月22日に幣原内閣が総辞職し、5月22日に吉田内閣が成立した。そのため、先例に従って草案はいったん撤回されることとなった。5月27日にそれまでの審査結果に基づく修正を加えて再び諮詢されることとなり、結果的に枢密院本会議において美濃部達吉《みのべたつきち》顧問官を除く賛成多数で「憲法改正草案」が可決されたのは6月8日のことだった。

それに続き、6月20日には、「帝国憲法改正案」が、大日本帝国憲法第73条の規定に則《のっと》って勅書《ちょくしょ》をもって議会に提出され、6月25日には衆議院本会議に上程され、3日後の28日に蘆田均《あしだひとし》を委員長とする帝国憲法改正案委員会に付託された。

同委員会での審議は7月1日から始められ、7月23日には修正案作成のため小委員会が設けられた。小委員会は、7月25日から8月20日まで非公開のもと懇談会形式で進められ、8月20日には「蘆田修正」などを含む修正案を作成した。

その蘆田修整のポイントは、第9条1項の冒頭に「日本国民は、正義と秩序を基調とする国際平和を誠実に希求し」の文言を、2項の最初に「前項の目的を達するため」をそれぞれ追加したことにあった。この蘆田修正によって、日本国憲法が完成したのである。ちなみに憲法第9条は次のとおりとなった。

【日本国憲法第9条】

1. 日本国民は、正義と秩序を基調とする国際平和を誠実に希求し、国権の発動たる戦争と、武力による威嚇又は武力の行使は、国際紛争を解決する手段としては、永久にこれを放棄する。

2. 前項の目的を達するため、陸海空軍その他の戦力は、これを保持しない。国の交戦権は、これを認めない。

（傍点は筆者）

なぜ、蘆田修整がポイントなのか。それは、当初の条文では「陸海空軍その他の戦力は、これを保持してはならない」と定められていたが、そのままでは「陸海空軍その他の戦力」は、いかなる場合でも保持してはならないと解釈される。しかし、そこに「前項の目的を達するため」の語句が挿入されることで、限定的ながら戦力の保持が可能になる。つまり、1項で放棄しているのは、あくまでも「国際紛争を解決する手段としての戦争や武力行使」であって、言い換えれば「侵略を目的とする戦争や武力行使に対しては反撃しますよ」ということになる。また、2項もまた同様に、「前項の目的を達するため」を加えることで、「侵略行為のための戦力は保持しないが、自衛という目的のためであれば、戦力を保持することは可能である」と解釈する余地を残したということだ。

こう書くと、憲法反対論者からは「日本は武力を持たないという平和憲法の本質を解していない暴論だ」と言われそうだが、それは間違いだろう。

蘆田は主権国家である日本の立場を守るべく、国際条約を無視してまさに不平等条約とも言える憲法を押し付けようとするＧＨＱに抵抗したのである。蘆田自身、１９５７年12月５日、内閣に設けられた憲法調査会で、以下のように証言している。

「私はひとつの含蓄をもってこの修正を提案したのであります。『前項の目的を達するため』を挿入することによって原案では無条件に戦力を保持しないとあったものが一定の条件の下に武力を持たないということになります。日本は無条件に武力を捨てるのではないということは明白であります」

つまり、絵空事のような戦力放棄を受け入れることは日本を亡ぼすことになりかねない。それだけは避けたかったということであろう。こうしてつくられた共同修正案は、翌日の8月21日、委員会に報告され、修正案どおり可決され、8月24日には衆議院本会議において賛成４２１票、反対８票という圧倒的多数で可決された。

さらに同日、貴族院に送られた「帝国憲法改正案」は、8月26日の貴族院本会議に上程され、8月30日に安倍能成《よししげ》を委員長とする帝国憲法改正案特別委員会に付託された。その特別委員会で審議に入ったのは9月2日だったが、9月28日には修正のための小委員会を設置することを決定した。その小委員会では、内閣の組織、内閣総理大臣および国務大臣の資格、内閣と国会の関係（議院内閣制）について規定する第66条に「内閣総理大臣その他の国務大臣は、文民でなければならない」という、いわゆる「文民条項」の挿入など、4項目が修整された。この文民条項の挿入は、極東委員会が「蘆田修正」によって、今後日本が軍隊を保有し得ることに気づき、GHQに挿入修整を支持したものだった。

そして修整された改正案は10月3日に特別委員会に報告された上で、10月6日の貴族院本会議で賛成多数で可決。同日、衆議院に回付されて、翌7日には圧倒的多数で可決。さらに10月12日には枢密院に再諮詢されて2回の審査ののち、10月29日に全会一致（2名の欠席者を除く）で可決され、天皇の裁可を経た上で、11月3日に「日本国憲法」として公布されたのである。

日本の改正案をことごとく拒否したGHQ

ここまで書いてきたように、GHQは日本が提示した改正案はことごとく拒否し、GHQがつくった憲法を押し付けたことは明らかだ。しかも、それはGHQの上位機関である極東委員会にも伏せたまま、GHQ民政局内に作業班を設置した1946年2月4日から、4月17日に「憲法改正草案」として公表されるまでのわずか2か月あまりでつくられたものだった。日本国民が自国の憲法をどうするか議論する時間も、そこに自分たちの意見が反映される時間も与えられなかった。

そしてそれ以来、日本人は長年にわたって、「日本国憲法は世界に誇るべき、究極の〝平和憲法〟であり、守るべきものである」と洗脳され続けてきた。

だが、考えてほしい。おとぎ話の世界ではあるまいし、他国の侵略を受けたとき、国民の命を守るための軍隊を持たないと規定する日本国憲法は、ほんとうに人類究極の憲法なのだろうか。

日本政府は、それに対して自衛隊でなんとか対処してきたが、なんとも苦しい解釈論を続けている。

たとえば、防衛省のホームページでは、憲法と自衛権について、こう説明している。

〈わが国は、第二次世界大戦後、再び戦争の惨禍《さんか》を繰り返すことのないよう決意し、平和国家の建設を目指して努力を重ねてきました。恒久の平和は、日本国民の念願です。この平和主義の理想を掲げる日本国憲法は、第9条に戦争放棄、戦力不保持、交戦権の否認に関する規定を置いています。もとより、わが国が独立国である以上、この規定は、主権国家としての固有の自衛権を否定するものではありません。政府は、このようにわが国の自衛権が否定されない以上、その行使を裏付ける自衛のための必要最小限度の実力を保持することは、憲法上認められると解しています。このような考えに立ち、わが国は、憲法のもと、専守防衛をわが国の防衛の基本的な方針として実力組織としての自衛隊を保持し、その整備を推進し、運用を図ってきています〉

こうした歪《いびつ》な解釈をしなければならないこと自体、日本国憲法が瑕疵《かし》のある憲法であることの証左である。

第9条はアメリカンイデオロギーの夢の実現だった

今、安倍晋三政権は、憲法改正の動きを加速させようとしている。それに対して、いわゆるリベラル派と呼ばれる人々は「憲法第9条は絶対変えるべきではない。平和憲法は死守すべきだ」と声を大にする。

言うまでなく、第9条は第1項で「戦争の放棄」を、第2項で「戦力の不保持」と「交戦権の否認」を定めている。私も理想論としてはすばらしいと思う。しかし、それを国家の最高規範である憲法で規定していいものだろうか。

そもそも、国家の第一義的役割は〝国民の財産と生命を守る〟ことにある。他国からの侵略にあったとき、そこから国民を守ることが最大の義務であるとも言える。だが、日本国憲法は、最初からその義務を放棄しているのだ。

およそ、世界のどこにもそんな国はない。日本と同様、第二次世界大戦で敗戦国となり、世界中から厳しい目を向けられたドイツですら、軍隊の設置を明記し、国民に対して兵役義務（もしくは代替役務）があるとしている。それに対して、おかしいじゃないかと文句をつける国は一国としてない。主権国家が自国を守るために軍隊を持つことは、国際法上も当然の権利として認められているのだ。

それにしても、蘆田修整によってかろうじて自衛のための戦力保持の余地が残されたのは幸いだった。それがなければ自衛隊も存在せず、日本は丸裸で国際社会と対峙《たいじ》しなければならなかっただろう。

歴史に「もしも」はないとはいえ、もし日本が自衛隊を持っていなければ、冷戦時代を乗り切れたとは思えない。ソ連の侵略にあっていたかもしれないし、日本が米ソの武力衝突の舞台となっていた可能性もある。

それはさておき、私は、日本国憲法制定はアメリカンイデオロギーのカルト信者にとっては、近代まれに見る大成功だったと考えている。特に憲法第9条は、アメリカンイデオロギー信者にとっては「夢の実現そのもの」だったのだ。

リベラルの仮面をかぶったアメリカンイデオロギー信者

アメリカンイデオロギー信者の大半は、自分たちがマニフェスト・ディスティニーに染まっていることを自覚していない。そして〝リベラルの仮面〟をかぶっている。

日本人は、「リベラル＝自由主義者」と訳し、「本来、人間は理性を持っており、個人はあらゆる権威から自由であり、自己決定権を持つ」とする近代的な思想だと受け止めている。確かにリベラルにそうした一面があることは認める。しかし私は、リベラリストを自称する人に最も当てはまる定義は、「多様な価値を否定する人間」だと思っている。彼らの根本にあるのはニヒリズムであり、革命的民主主義者だと言ってもいい。

もう一度、アメリカ成立の歴史を思い出してほしい。

そもそもピューリタンは、イングランド国教会の中から生まれたプロテスタント（カルヴァン派）の流れをくむ一派だった。彼らは自分たちの宗教は絶対的なものだと信じ切り、従来からあったキリスト教宗派と対立した。その頑《かたく》なさゆえに周囲の人々と融和することなく、半ば追われるような形で故郷を離れて新大陸に渡ることになった。

アメリカ人は「ピルグリム・ファーザーズは、信仰の自由を求め、新大陸に理想の国をつくることを目指した」と称賛するが、実際のところは迫害を逃れてヨーロッパ社会から脱出したとみるほうが正しいだろう。

そして北アメリカ大陸に渡った彼らは、そこを「神から与えられた新天地」と呼び、先住民族に自分たちの宗教を押し付け、それを拒否した者は次々と殺戮《さつりく》していった。なにしろ、それは「神に与えられた使命」だったのだから容赦はなかったし、それが〝正義〟だと信じ切っていた。

さらに、彼らはイギリス本国からの束縛を逃れるために独立戦争を戦ったが、それは王制を拒否する革命でもあった。

実はその遺伝子は今も脈々と受け継がれているのだ。もはやかつてのような宗教色こそ残っていないが、自分たちの求める世界こそ、人類が求めるべき究極的なものであり、〝絶対の正義〟であるというイデオロギー（それは思考過程と言ってもいい）だけが残った。それが、私がいう「アメリカンイデオロギー」の正体だ。

そしてアメリカンイデオロギー信者たちは、「自由」「平等」を口々に叫びながら世界中に飛び出していくが、そこで暮らす人々の文化や価値観など見抜きもせず、自分たちの価値観以外は決して認めようとしない。それどころか、自分たちの価値観を受け入れない人々や社会を前にするとイライラしてじっとしていられなくなり、排除しようとする。それはもう一種の精神病と言ってもいいほどのものだ。いったいなぜそうなるのか。

それは、イデオロギーが人間と現実を断絶させてしまうからだ。

もともと人間の脳は、現場で現実を見ることでものごとを判断することに優れている。ところが、イデオロギーに縛られると、その判断力が著しく損なわれてしまう。イデオロギーによって縛られ、あらかじめ万物を決め付ける結果、脳は麻痺《まひ》した状態に陥ってしまうのだ。

つまり、自分が信じるもの以外はまったく理解できないし、認めることもできなくなる、ということである。そして最終的には権力を持ってでも紛争を解決しようとする。それがアメリカンイデオロギーの遺伝子を受け継ぐリベラリストの正体なのだ。そして、ＧＨＱが日本を占領したとき、占領政策を決定した者たちの中に、アメリカンイデオロギーの遺伝子を受け継ぐ狂信的なリベラリストが実に多く入り込んでいた。

憲法第9条をつくったのは狂信的リベラリストだった

私はGHQの日本に対する占領政策はアメリカンイデオロギーによる革命の実験だったとも思っている。自分たちに歯向かい、自分たちを恐怖に陥れた日本を徹底的に弱体化しようとした。日本国憲法の押し付けはその発露であり、憲法第9条はその象徴だった。

かつてアメリカの先住民族を居留地に入れたのと、日本に憲法第9条を押し付けた思考過程はまったく同じである。日本国憲法を成立させたとき、GHQのリベラリストたちは得意の絶頂だったに違いない。そして彼らは、日本に日本国憲法を押し付けると同時に、日本人に対する徹底的な洗脳を行った。

その最たるものが、1946年5月3日から1948年11月12日にかけて行われた東京裁判（極東国際軍事裁判）だった。この裁判では、東条英機《ひでき》元首相をはじめとする28人が、共同謀議して「平和愛好諸国民の利益並びに日本国民自身の利益を毀損《きそん》」する侵略戦争を起こしたとして、平和に対する罪（A級犯罪）、人道に対する罪（C級犯罪）、通常の戦争犯罪（B級犯罪）の容疑で裁かれ、23人がA級犯罪で、7人がB級犯罪で有罪となった（ただし、結果的にC級犯罪で起訴された者はいなかった）。そして、激しい言論統制が続く中、

「太平洋戦争は一部の指導者によって引き起こされたものであり、日本国民も被害者であった。その日本を解放したのはアメリカだった」というプロパガンダが醸成されていったのだ。

今も日本人の多くは、なんの疑いもなく「日本とアメリカは深い友好関係にあるし、これからもその関係は続く」と考えているようだ。だが、それはあまりにも世間知らずな考え方だろう。確かに日本は、戦後の無秩序状態から逃れるために、その無秩序状態をもたらした当事国であるアメリカにお願いして、なんとか秩序を回復することができたという見方もできる。そして、日本はアメリカと共同歩調をとることで、国際社会におけるポジションを築いてきた。

しかし、そんな日本をつくったアメリカは、そんなことはもうすっかり忘れ果てている。戦後、アメリカを頂点とした世界秩序をつくり上げ、東西対立で勝利したのちは、日本を支配する必要などまったくなくなった。それどころか、日本が忠実な同盟国であることをいいことに、日本の海外派兵を求めているし、軍事力増強を求めている。2017年11月5日に日本に初来日したトランプ大統領が日本に大量の武器を売りつけていったのは記憶に新しい。しかし、これも考えれば当然のことである。

ところが面白いことに、日本人がアメリカンイデオロギーによってつくられた現状をそのまま受け継いでしまっている。「憲法9条は世界に誇るべき憲法だ」として、金科玉条《きんかぎょくじょう》として死守すべきだという人が少なくない。まるで自縄自縛《じじょうじばく》の状態となっている。

かつて日本は、黒船来航で開国させられ、欧米諸国と不平等条約を結ばされた。それを解消するためにたいへんな苦労をした歴史を持っている。だが、日本人は今、不平等条約をアメリカとではなく、自分自身と締結しているようにも見える。私は、それがとても不思議に思えるのだ。

押し付けられた「日米安保条約」と「日米地位協定」

もう1つ問題点を上げるとすれば、日米安全保障条約（日米安保条約）と日米地位協定の問題がある。日米安保条約が締結されたのは、1951年9月8日にサンフランシスコで日本が「対日講和条約」（サンフランシスコ条約）に署名した日のことだった。その前文には次のように書かれている。

【日米安保　前文】

日本に独自の防衛力が充分に構築されていないことを認識し、また国連憲章が各国に自衛権を認めていることを認識し、その上で防衛用の暫定措置として、日本はアメリカ軍が日本国内に駐留することを希望している。また、アメリカ合衆国は日本が独自の防衛力を向上させることを期待している。平和条約の効力発行と同時にこの条約も効力を発効することを希望する。

これを読んでもわかるように、日本がアメリカにお願いして条約を結んだ形となっている。また、その前文に続き、次の5条が定められている。

第1条（アメリカ軍駐留権）

日本は国内へのアメリカ軍駐留の権利を与える。駐留アメリカ軍は、極東アジアの安全に寄与するほか、直接の武力侵攻や外国からの教唆などによる日本国内の内乱などに対しても援助を与えることができる。

第2条（第三国軍隊への協力の禁止）

アメリカ合衆国の同意を得ない、第三国軍隊の駐留・配備・基地提供・通過などの禁止。

第3条（細目決定）

細目決定は両国間の行政協定による。

第4条（条約の失効）

国際連合の措置または代替されうる別の安全保障措置の効力を生じたと両国政府が認識した場合に失効する。

第5条（批准）

批准後に効力が発効する。

また、日米安保条約第3条に「細目決定は両国間の行政協定による」とされていたことから、1952年4月28日には、「日米行政協定」（日本国とアメリカ合衆国との間の安全保障条約第3条に基づく行政協定）が発効されたが、この日米行政協定は、正式な条約ではなく、単なる政府間の取り決めにすぎなかった。

その第2条1項には、〈日本国は、合衆国に対し、安全保障条約第Ⅰ条に掲げる目的の遂行に必要な施設および区域の使用を許すことに同意する。個々の施設および区域に関する協定は、この協定の効力発生の日までになお両政府が合意に達していないときは、この協定の第二十六条に定める合同委員会を通じて両政府が締結しなければならない。「施設及び区域」には、当該施設および区域の運営に必要な現存の設備、備品および定着物を含む〉と決められていた。条文では「日本はアメリカに対し、必要な施設および区域の使用を許すことに同意する」と書かれているが、実際のところ、日本に拒否する余地などなかった。そしてアメリカは、正式な条約を結ぶことなく、自分の好きなところに、自国軍を置き、自由に使用できるようになったのだ。

それは陸上だけではない。たとえば、首都圏の空域の大部分は、未だにアメリカ軍の管理下にある。「横田空域」と呼ばれる横田基地を中心とした空域だが、一部は新潟や伊豆半島辺りまで広がっており、民間機も含め、日本の航空機の飛行は禁止されている。そのため、民間機は大きく迂回《うかい》する必要があり、時間の無駄や燃料費の余計な負担を強いられている。また最近ではオスプレイ（垂直離着陸輸送機ＭＶ22）が沖縄だけでなく、本土でも運用され始めているが、飛行ルートなどもアメリカが自由に決めているのが現状だ。こうした状況に対して、日本国民が大きな不満を持つのも当然だろう。

ちなみに、日米安保条約の締結にあたっては、吉田茂首相が１人で署名に臨んだことが知られている。そのとき、同行した池田勇人《はやと》蔵相に対して、吉田は「この条約はあまり評判がよくない。君の経歴に傷がつくといけないので、私だけが署名する」と言ったそうだ。そんなことまで考えなければならないほど、一方的で恥辱的な協定だったということだ。

新安保条約で加えられた日米地位協定の問題点

旧日米安保条約は、1960年1月19日に、ワシントンで締結された現行の日米安保（日本国とアメリカ合衆国との間の相互協力及び安全保障条約）に引き継がれた。

そのとき新たに「日米地位協定」（日本国とアメリカ合衆国との間の相互協力及び安全保障条約第六条に基づく施設及び区域並びに日本国における合衆国軍隊の地位に関する協定）が付属することとなった。日米行政協定に新たな条文を付け加えた上で、今度は正式に条約化された。

その日米地位協定で、今、一番問題とされているのが第17条だ。第17条には、アメリカ軍兵士・軍人への裁判権がどこにあるのかが決められているが、第17条の3で、アメリカ軍の内部での犯罪やアメリカ軍兵士・軍人や関係者、家族同士の犯罪の場合はアメリカ軍に優先的な裁判権があることになっているし、アメリカ軍の公務中、つまり兵士・軍人として働いている最中の犯罪・事件などについてもアメリカ軍に優先的な裁判権がある。

一方、「捜査権」について規定がないことも問題だ。地位協定第17条の5には、「犯罪捜査にあたっては、日本とアメリカ軍が相互に援助しなければならない」としか定められていない。そのため、犯罪発生時に日本の警察が容疑者の兵士を逮捕することはできないのが現状だ。さらに第17条の5（c）で「犯罪をおかしたアメリカ軍兵士などの日本への身柄の引き渡しは検察による起訴が行われた後」と定められている。そのため、アメリカ軍兵士による犯罪が発生しても日本側の捜査が満足にできず、それが国民、特に基地の多い沖縄県民の大きな不満となっている。それにもかかわらず、地位協定は1960年に結ばれて以来、一度も改定されていない。

こうしたアメリカ軍基地問題について、日本はアメリカに守ってもらっているのだから、それぐらいの負担は仕方がないと言う人もいるし、軍隊を持たずにすんでいる分だけトクだと言う人もいる。しかし、それは主権国家としてあまりに歪《いびつ》な姿だろう。そろそろ日本人自身が、憲法第9条の問題とともにしっかり考え直す時期を迎えているのではないだろうか。

第四章

アメリカ歴史学会の横暴

私が日本に関心を持ったきっかけ

1977年にアメリカ南部のルイジアナ州ニューオーリンズで生まれた私が、日本に興味を持つようになったきっかけの1つとして、ニューオーリンズ生まれだった父方の祖父の存在が挙げられる。

父方の先祖は1854年にはニューオーリンズに住んでいたことが確認されているが、モーガンという名前から推測するならば、おそらくイギリスのウェールズから移り住んだ一族だったのではないかと思う。

その祖父は太平洋戦争中、志願して海軍に入り、航空母艦プリンストンとボノム・リシャールに乗って日本軍を相手に戦った。終戦後、1年ほど日本に滞在した経験もある。その後、朝鮮戦争が起きると徴兵された。朝鮮戦争が終わってからアメリカに帰った祖父は、フルタイムで働きながら中学校、高校、大学、そしてロースクールに通うなど12年にもわたる努力の末、弁護士になった。

私は、その祖父からよく「日本軍は敵ながらみごとだった」という話を聞かされた。「日本兵の戦いぶりを目の当たりにしたが、劣勢に追い込まれ、もはや勝つ見込みがないにもかかわらず、絶対に諦《あきら》めずに立ち向かい続ける姿に称賛の念を覚えた。もし自分が日本の側だったなら、やはり同じように戦っていた」とも話していた。その祖父は「太平洋戦争はアメリカにとって不必要な戦いだった。ドイツとの戦いは必須だったが、日本と戦争をすべきではなかった」と固く信じていた。

祖父の家の書斎の本棚には歴史の本がズラリと並んでいた。私が7、8歳だった頃、その中にあった第二次世界大戦の本を開いてショックを受けた。そこには巨大なきのこ雲が写し出された写真が載っていた。広島に原爆が投下されたときの写真だった。以来、私の脳裏に、その痛ましい光景が残ることとなった。

私はそのとき思い切って祖父に、いったいアメリカはなんのために日本に原爆を投下したのかと聞いた。すると祖父は重い口を開いてこう言った。

「原爆は恐ろしいものだ。非戦闘員を殺すことは卑劣な行為だ。でもなかなか降伏しない日本との戦いを終わらせるため、アメリカ兵の命を守るため、そして、アメリカがソ連やナチスドイツのような無法な独裁者が支配する国より先に近代的発展を遂げたことを知らしめるためには、他の選択肢はなかったのだ」と――。

祖父はまた、「日本は普通の国ではない。特別な国だ」とも言っていた。戦争が終わり、日本に上陸することになったとき、祖父たちは、あれだけ激しく戦った相手だからきっと待ち伏せでもして米兵の命を狙ってくるだろうと思っていた。ところが、横須賀に入港して上陸したとき、日本人は思いもかけず、思いやりの気持ちで歓迎してくれた。そして「もし逆の立場だったら、果たして自分たちにそんなことができただろうか。そんなことはあり得ない」と語っていた。

さらに祖父は、アメリカを第二次世界大戦に引きずり込んだ第32代大統領フランクリン・ルーズベルトをまったく認めていなかった。

祖父に教えられたルーズベルトの忌まわしさ

戦後のアメリカで、ルーズベルトは、世界恐慌からアメリカを救い、第二次世界大戦を勝利に導いたヒーローとされている。学校でもそう教えられた。だが祖父にとって、ルーズベルト大統領は許せない存在だった。「ルーズベルトは嘘《うそ》つきの王様であり、忌《い》まわしい売国奴《ばいこくど》だ」と言うのである。

そもそも世界恐慌が10年も続いたのは、ルーズベルトがその責任を前大統領のフーヴァーに押し付け、アメリカを社会主義国家にしようと、首都ワシントンを赤化《せっか》しようと画策したのが原因だ、それによって、伝統あるアメリカが崩壊していった、というのが祖父の主張だった。

祖父がそんな考えを抱いた背景には、ルイジアナ州がもともとナポレオン一世のフランス帝国の植民地だったという歴史的背景があったのかもしれない。

ルイジアナは、1803年にジェファーソン大統領が6000万フラン（約1500万ドル）で購入し、1812年に合衆国に加えられた州である。そのため、フランスからの移民の子孫が多いし、民法もナポレオン法典の流れをくんでいて、文化的にもフランスの影響を色濃く残している。そのため、君主制に対する親和性のある土地柄だった（ルイジアナは、そもそもルイ王の名前から付けられた）。

また、父方の祖母のお母さん（つまり曾祖母）は、フランスからの移民で、英語が完璧にしゃべれなかった。加えて、母方の祖父はアメリカで生まれたものの、彼の両親や兄はスペイン生まれだった。そして祖父は、ドイツ系の女性と結婚していた。そういう意味では典型的な移民の一族だったが、ともにカトリックだったことから、君主制に対してポジティブな考え方を持っていた。ちなみに私もカトリックである。

ところで、彼のおじはスペインでは神父だったが、スペイン内戦（1936～1939年）のときには、ソ連の支持を受けた人民戦線軍に命を狙われたという話も聞かされていた。そのため私は、共産主義に対する抵抗感や恐怖心も抱いていた。

20世紀において、共産主義者は、メキシコでもスペインでもロシアでもベトナムでもキューバでも中国でも、宗教を狙って信者（どの宗教でも関係なく無差別に）を殺してきた。だから私は、多くのアメリカ人が「アメリカは独立によって誕生したすばらしい国だ」と考えていることに、幼い頃から心の片隅で違和感を持っていたような気もする。

学校で、「イギリス王ジョージ三世はひどい奴だった。だから、アメリカは独立戦争を戦ったのだ」と教えられて、「そうなのかな」と思う一方で、「そうでもなかったんじゃないか」とか「アメリカの独立戦争は一種の革命だったのではないか」という気持ちも拭《ぬぐ》い去れずにいたのである。そういう意味では、私は、保守政党派というか、伝統を重んじるタイプだったということだ。私の耳に、革命という言葉は、決していい響きではない。

また、私にはもう1つ、日本に対して親近感を覚える理由があった。私が3、4歳だった頃、近所にアメリカ人の夫と日本人妻のご夫婦が住んでいて、うちの両親とも親しくなった。御主人は石油会社に勤務して、日本に単身赴任したときに奥さんと出会ったと聞いた。彼女は、確かキミコさんという名前で、私は「ミス・キム」と呼んでいた。

そのご夫婦に、ときどき食事に招かれることもあったが、キミコさんは優雅で高貴な雰囲気のする女性で、私の誕生日には、青いクジラのマークが描かれた日本のお箸《はし》をプレゼントしてくれたり、日本のことを教えてくれたりもした。

また、彼女の話す日本語は、意味こそわからなかったが、とても美しいものに感じられた。私は、彼女を通じて、アメリカ以外の世界があることを知り、世界への憧れを抱いたといってもいいだろう。

そんなイメージがあったからこそ、前述した祖父の「日本は普通の国ではない。特別な国だ」という言葉がこころに響いたのかもしれない。

だが、そんな記憶も成長していく過程でどんどん薄らいでいき、私はアメリカの平均的若者が持っている反日歴史観を、当たり前のように持つようになっていった。

クリントンのスキャンダルで感じたリベラルの欺瞞

高校を卒業した私は、テネシー大学チャタヌーガ校に進学した。いろいろ専攻を変えたが、なかなか落ち着かなかった。美術も専攻したが〝才能なし〟で辞めてしまった。その次に、ギリシア語とラテン語で文学が読みたいと思って、古典学に専攻を変えた。それはとても良かったが、古典のギリシアやローマはもうこの世から姿を消したので、書籍で勉強することを実際には味わうことができないので、そのまま勉強を続けるかどうか、ちょっと迷っていた。

ちょうどそのとき、日本語の授業があるというポスターを目にして、それを受講することにした。

神田さんという日本女性が担当していたが、会計を勉強するためにアメリカに来ていて、学費代わりに日本語を教えていたのだと思う。神田先生もとても優しくて、日本語で簡単な日常会話ができるようになったときには、かなりの達成感を覚えたものだ。

また、そのとき知り合った日本人留学生とも親しくなって、日本の彼の家に1か月ほどホームステイさせてもらうという幸運にも恵まれた。やはり、日本の伝統的な社会を自分の目で見ることができて、伝統に手で触れることがとても魅力的だった。

とは言っても、大学時代の私は、多くのアメリカ人と同じように、どちらかと言えばリベラルな思想を持っていた。

だいたい、アメリカで歴史を教える教授たちはことごとく反日で、「真珠湾攻撃はなんの前触れも、理由もないまま、日本帝国が一方的に行った」とか「日本は軍国主義に染まった悪の国であり、東京裁判は正しい裁きである」と教えていたし、教えられる学生たちもそれが正しい歴史だと信じ込んでいた。そんな中ではリベラル派になることが一番楽な道だった。

だが私は、1998年のモニカ・ルインスキーとクリントン大統領のスキャンダル事件をきっかけにリベラル派に疑問を抱くようになった。それまで私は、リベラル派のクリントンを支持していた。なぜかというと、単に両親が反クリントンだったから……。恥ずかしい話だが、反抗期真っただ中だったせいもある。

クリントン大統領の政策など1つも知らなかったくせに、そして共和党と民主党の違いの1つもわからなかったくせに、ただクリントン大統領がハリウッドのスターに支持されていたから、私も「その祭りの中に入るかな」という、非常に無責任な考えで、クリントン支持の群れの中に入って行動していたのだ。

しかし、そのスキャンダルで、「なんだ？　騙《だま》されていたのか！」と感じたし、リベラルの本質をちょっとのぞいたような気がした。

失礼な話、クリントンなんてただのスケベじゃないか。リベラルってそんな立派なものじゃないな、ということだ。ものの見方なんて、そんなちょっとしたことがきっかけで大きく変わることもある。

違和感を覚えた『ザ・レイプ・オブ・南京』

私は、2001年1月に来日して、名古屋外国語大学での留学生活を始めた。

最初の頃は、正直言って苦労した。1人暮らしの経験のある私には変なプライドもあって、自分で自分の生活が十分できないことを認めたくなくて、たとえば炊飯器を使うにも最初の頃に大失敗を繰り返した。お米の量などがまったくわからなくて、5人前のご飯をつくってしまったこともあった。

2001年8月ぐらいに名古屋外国語大学での留学プログラムが終わって、10月には名古屋大学に移り研究生の生活を始めた。そのときに、中国系アメリカ人のアイリス・チャンが書いた『ザ・レイプ・オブ・南京《ナンキン》』を読んで、私の中で不思議なことが起こった。

その本には、南京大虐殺で日本人がいかに非道なことをしたかが、これでもかと言わんばかりに書き連ねてあった。

最初にその本を読んだときには疑いなど抱かなかった。だが、同書に対する様々な批評をいくつか読むにつれ、漠然と「何かおかしい」と感じ始めたのである。その内容は、祖父が語った日本人像とも、近所に住んでいたキミコさんから受けた日本のイメージとも違っていた。また、日本で毎日、日本人と接し、経験していた〝日本人らしさ〟と180度違っていた。

それが私の歴史を学び直すきっかけの1つとなったような気がする。日本でのホームステイの夏が終わってアメリカに帰ったときから専攻を歴史に変えた。アジアに関する歴史の授業をすべて制覇した。

それがもう20年前のこと。今、日本を研究する人は〝アニメ〟から入るケースが多いが、私は「セーラームーン」なんてまったく知らないまま、日本研究を始めた稀有《けう》な例かもしれない（笑い）。

反米反日の異常な米国歴史学会

こうして新たな視点で歴史を学び始めた私に改めて見えてきたのは、アメリカの歴史学会の異常さだった。とにかく、教授のほとんどが「反米」であり、「反日」なのだ。

アメリカの歴史学会に参加している者の大半は、アメリカのことを嫌い、アメリカが弱体化すればするほど喜ぶ一方で、第二次世界大戦でアメリカが日本に対して、大型爆弾や核を投下して無差別大量殺人をしたことを賞賛するという、実に矛盾した歴史観を平気で若者たちに押し付けている。

どういうことか、もう少し説明が必要だろう。

まず太平洋戦争（第二次世界大戦）だ。あのときルーズベルトは、東アジアの権益を自分のものにするには邪魔だからと、海の彼方の日本が到底受け入れられないハル・ノートを押し付け、経済封鎖してケンカを売った。そして追い詰められた日本が真珠湾攻撃に打って出ると、アメリカ国内では参戦反対が多数を占めていたにもかかわらず「リメンバー・パール・ハーバー！」とキャンペーンを張り、第二次世界大戦にむりやり参戦。さらに戦局が進むと、無神論者で共産主義のソ連のスターリンと平気で手を結んだ上で、広島、長崎に原爆を投下して、日本を完膚なきまで叩きのめした。そのスターリンは「革命」と称して自国民を大量虐殺していったし、ルーズベルトも日系アメリカ人をかつてのチェロキー族同様に柵の中に閉じ込め、その私有財産を奪いながら、「我々は自由と平和のために戦っている」と言い放った。

このルーズベルトの姿勢は極めて卑劣なものだったが、それを「正しかった」と追認し、それに異説を唱えようとする者は徹底的に排除するのがアメリカの歴史学会だ。「おかしいじゃないか」と少しでも声を上げようものなら、その人はアメリカの学会でのポジションを失い、大学で教えることなど不可能になってしまうのが現状だ。著書『ルーズベルトと第二次世界大戦』でルーズベルト大統領が行った〝参戦外交〟を批判したことで知られる、有名な歴史学者チャールズ・ビヤードも、そして駆け出し学者の私も、その中に含まれる。

また戦後に起きた朝鮮戦争は、中国の毛沢東とソ連のスターリンの同意と支援を受けた北朝鮮軍が南に侵攻し、一時は日本を脅かすほどまで南下してきたのに対して、アメリカ軍が同盟国である韓国と日本を守るために戦った。私は、その過程でアメリカが完璧な行動をとったわけではないにしろ、概《おおむ》ね、やむを得なかった戦いだと評価すべきだと考える。共産主義者から韓国の人々を守ったアメリカ軍は、よくやったと思っている。

しかし、アメリカ歴史学会の反米教授たちはそれが気に食わない。朝鮮戦争はアメリカが帝国主義に走った一例だとして批判する。

あるいはその後のベトナム戦争についても、それが共産主義から民主主義国家を守ろうとした戦いだったことにはまったく触れず、〝アメリカ帝国主義の表れ〟であり、「やるべきではなかった」と徹底的に批判の声を上げている。

この「アメリカ帝国主義」という言葉は、19世紀末に「進歩の時代」を掲げてヨーロッパの列強と同様に植民地主義を進めるべきだという声が上がった頃からあったが、第二次世界大戦後、世界中の植民地が次々と独立を果たすにつれ、本来の意味である帝国主義はもはや死語と化しているにもかかわらず、アメリカの歴史学会はことさらに「帝国主義」という言葉を発して、アメリカを弱体化しようとしているのである。

そして、1991年にソ連が崩壊し、冷戦が終結してアメリカが唯一の超大国となると、かつての帝国主義に代わり、いわゆるネオコン（新保守主義）が力を伸ばしてきた。

その流れを簡単に説明すればこういうことだ。

そもそもアメリカにはアメリカンイデオロギーが存在していた。しかし、そこに共産主義が入ってくると、アメリカンイデオロギーを対立すべきイデオロギーだと捉える者たちが出現し、次々に共産主義に転向していった、彼らは、それまでのアメリカの在り方に価値を認めず、アメリカを破壊し、変質させることを目指した。

彼らはアメリカを大切にしなかった。そして現実とのつながりを軽んじ、利益を求めて戦争ばかりやるようになっていったのだ。

その源流は、1930年代にニューヨーク市立大学シティカレッジに学んだ、いわゆる「ニューヨーク知識人」だとされる。

彼らの多くは、アメリカの公立大学の中で最も歴史のある大学の1つに数えられるニューヨーク市立大学シティカレッジに学んでいるが、ネオコン思想の始まりは1917年にレーニンが発表した『帝国主義論』（『資本主義の最高の段階としての帝国主義（平易な概説）』）にある。

ネオコンは「保守主義」とは言われるが、その考え方は従来からの保守主義とはまったく趣を異にするものだった。外交的には「自由主義覇権論」を唱え、経済政策的には放任主義を標榜《ひょうぼう》。その一方で、道徳や宗教の面では伝統主義を重んじた。

第二次世界大戦を賞賛することとまったく矛盾しているようだが、彼らはとんとお構いなしだ。とにかく、反米、反日を主張できればそれでよかった。

そしてこの流れが、今、世界を席巻しているグローバリズムへと受け継がれていったのだ。その意味では、変質したネオコンがグローバリズム信奉者だと言えよう。


それはさておき、その後、私は中国に留学、さらにハワイ大学の大学院で中国史の研究を行った。だが、学界における日本への見方はやはり画一的で、日本を軍国主義の悪者と見做《みな》す主張以外は、まったく見当たらなかった。

私がハワイ大学院で書いた卒業論文は、張学良《ちょうがくりょう》についての研究だったが、資料を見ていると、当時の英語で書かれたものは、だいたい共産主義者によって書かれたことに気がついた。

そこで、「学会では真実を学ぶのが無理だ」と悟った私は、卒業後、韓国へ行って、静かな村で言語を教えながら自分で本を読んで勉強することにした。

この韓国行きは私にとってとてもいい経験となったが、1年経《た》ったらまた日本へ行きたくなった。日本史などについての本を繰り返して読む過程で、日本の留学時期に覚えた日本の良さがまたこころの中に湧いてきたのだ。そこで私は、韓国や中国への寄り道をやめて、日本に戻ることにした。

こうして私は日本に戻ったが、最初の頃はまたちょっとたいへんだった。

そのときは、日本語もそれなりに上達し、普通に生活ができるようになっていたが、それまで勉強してきたことをあまり活《い》かしていないことが不満の種になってきたのだ。そこで翻訳の仕事をすればもしかしたらもっといいキャリアを積めるのではないかと思って転職した。

転職先は翻訳会社だったが、その傍《かたわ》らで週末と夕方に契約などの法律資料を翻訳するようになった。法律資料に触れていると、祖父のことを思い出して、弁護士の仕事にも魅力を覚えた。それと同時に、法律で見る日本と他の国の違いが気になって、その背景をもっと勉強したくなった。

実際にいろいろ調べてみて特に驚いたのは、封建的と批判されていた日本の法律が非常によくできているということだった。

たとえば、徳川幕府の法律を見ても人間性に溢《あふ》れていた。江戸時代は封建的だと言われるが、徳川の法律はさほどでもないと感じたほどである。日本では、法律と正義をちゃんと重んじているではないかと思った。

そこで、教科書で読んだことのある東京裁判のことを思い出し、日本はほんとうに公平に裁かれたかと深く疑問を抱くようになった。

私は、さっそく東京裁判について詳しく調べてみることにした。日本人の無罪を訴えたラダ・ビノード・パール判事の陳述書も読んだ。そして「彼の語る論旨は過激でもクレイジーでもない。むしろ西欧の法概念や知識に基づいた正しい判断なのではないか」と感じ始めたのだった。

慰安婦の芝居を生徒に演じさせる教師

アメリカの歴史学会、中でも日本研究に関するアカデミズムは想像以上に大きな問題を抱えている。まず第一に挙げられるのは、アメリカの歴史学者の間で語られる歴史が、捏《ねつ》造《ぞう》された歴史をもとに語られているということである。

日本の読者は驚くかもしれないが、アメリカではまともな議論など成立しない。日本の研究者が真摯《しんし》な姿勢で数多くの史料にあたりながら行ってきた太平洋戦争や慰安婦に関する研究などまったく無視して、もっぱら政治的意図から慰安婦問題が語られている。その際、歴史的事実に関する真摯な議論が行われることはない。

たとえばシンポジウムを開催しても、そこで〝事実に基づく議論〟をしようとする動きなど皆無だし、むしろそれを妨害しようとする。仮に報告者が歴史の事実を提示しようとものならたいへんだ。たちまち「歴史修整主義だ」「差別主義だ」とレッテル貼りをされるのがオチである。

また、アメリカ人の対日歴史批判の中でしばしば目にするのが、「Denier」という言葉だ。直訳すれば「否定する人」——ナチスによるホロコーストを否認する人（Holocaust Denier）だという意味で、日本をナチスと同一視するという信じ難い風潮が広がっているのだ。

いったいなぜ、そんな状況が生まれているのか。それはアメリカの歴史学会が、いわゆるアメリカンイデオロギーの信者たちによって牛耳《ぎゅうじ》られているからだ。

たとえば小山エミ（Emi Koyama）という活動家がいる。シアトル在住で、マルチ問題社会正義活動家（multi-issue social justice activist）を自称している彼女は、慰安婦問題について、アメリカをはじめとする海外の日本研究者らとともに「日本の歴史修正主義を糾弾する」と、過激な反日発言を繰り返している。

また、アメリカの教師の中には、慰安婦のストーリーを生徒に演劇で再現させるような者も存在している。授業の一環として、生徒たちに慰安婦の境遇の悲惨さを劇で再現させるのだが、台詞《せりふ》を読んだ生徒たちは涙を流すと聞く。それはもう教育と言えるようなものではない。感情に訴えた情緒的な手法であり、事実に基づいて歴史を分析する学問的な態度とはかけ離れたものだと言えよう。

アメリカ歴史学会への「覚悟の反論」

２０１４年11月３日に、産経新聞がアメリカ・カリフォルニア州ロサンゼルス市や同市近郊の公立高校で使用されている世界史の教科書に、「旧日本軍が慰安婦を強制連行したとする史実と異なる記述がされている」と報じたことをきっかけに、日本の外務省は調査を行い、同月7日には、「慰安婦と日本海呼称問題で重大な事実誤認や日本政府の立場と相いれない記述がある」として記述内容の是正を申し入れた。

同教科書には「日本軍は14～20歳の約20万人の女性を慰安所で働かせるために強制的に募集、徴用した」「逃げようとして殺害された慰安婦もいた」などと、強制連行があったかのように記述されていたばかりではなく、「日本軍は慰安婦を天皇からの贈り物として軍隊にささげた」というとんでもない記述もあったのだから、日本の外務省が抗議したのは当然のことだった。

それに対して、教科書共同執筆者のハーバート・ジグラー（ハワイ大学准教授）は、「私の言論と学問の自由を侵害した」と批判。さらに２０１５年３月２日、アメリカの歴史学会の19人が「教科書の記述は正しい。日本側の抗議は学問や言論の自由への侵害だ」という声明を発表した。中でも、コネティカット大学の教授であるアレクシス・ダデン女史は、「不当な検閲だ」と強く非難してきた。ダデン教授と言えば、シカゴ大学にて歴史学の博士号を取得したが、その間の1994年には韓国の延世大学で語学を学び、以来、長年にわたって慰安婦問題で日本を糾弾してきたことで知られる歴史学者である。

このアメリカの歴史学会からの反論に対し、日本側からは、2015年3月17日に、秦《はた》郁彦《いくひこ》氏（日本大学名誉教授）と大沼保昭《やすあき》（明治大学特任教授・元アジア女性基金理事）が会見を行い、アメリカの出版社マグロウヒルに対する「訂正勧告」を公表した。同社の教科書に「慰安婦の強制連行があった」と書かれていたことに対する勧告であり、秦氏、大沼氏ほか、藤岡信勝、長谷川三千子、芳賀徹、平川祐弘、百地章《ももちあきら》、中西輝政、西岡力《つとむ》、呉《オ・》善花《ソンファ》、高橋史朗氏など19人の日本人歴史家有志が、誤った記述の訂正を求めたのである。

そのとき私は、自分の考えをまとめ、ダデン女史が代表を務めるアメリカ歴史学会の機関紙（3月号）に、次のように投稿するとともに、他のサイトにも発表した。

▼19人の声明は慰安婦に関する日本政府の事実提起の主張を言論弾圧と非難するが、非難の根拠となる事実を明示していない。

▼声明は吉見義明氏の研究を「20万強制連行説」などのほぼ唯一の論拠とするが、同氏も強制連行の証拠はないことを認めている。

▼声明はアメリカの研究者も依拠したことが明白な朝日新聞の誤報や吉田清治氏の虚言を一切無視することで、歴史研究者の基本倫理に違反している。

▼声明は日本側で慰安婦問題の事実を提起する側を「右翼」「保守」「修正主義」などという侮蔑的なレッテル言葉で片づけ、真剣な議論を拒んでいる。

▼声明は日本政府の動きを中国などの独裁国家の言論弾圧と同等に扱い、自分たちが日本政府機関からの資金で研究をしてきた実績を無視している。

当時、私はウィスコンシン大学博士課程だったが、反日を基調とするアメリカの歴史学会に反論したのは私だけだった。そしてまた、アメリカ歴史学会に反論する者が私以外にはほぼ誰もいないという現実に直面してかなりがっかりした。

その後、私は学会から異端のレッテルを貼られた。推薦状が必要になって、あるアメリカ学会の教授に頼んで書いてもらったが、その推薦状には「安倍のように歴史を綺麗事にしている」と記されていた。私の名誉は毀損《きそん》され、アメリカ国内での就職が妨げられることとなったのである。

アメリカ歴史学会は、そんな方法で異なる意見を言う人を追い出し、自分たちのイデオロギーの純粋さを守っている。つまり、アメリカで正しい歴史を研究することはまず不可能だということだ。あくまでもそれを貫こうとすると、ある意味でアメリカで研究者として生きる道を捨てることにもなりかねないのである。

また、そんな現象を知ってか知らずか、そんなアメリカの歴史学会に対して、日本政府が、たとえばフルブライト・プログラムなどを通じて資金的な援助をしていることにも違和感を覚えずにはいられない。ご存じのように、アメリカの学者、教育者、大学院生、研究者、各種専門家を対象とした国際交換プログラムだが、前述した19人を含む多くの研究者がこの制度の恩恵を受けているし、逆に日本の研究者がアメリカに渡って、「反日」に染まって帰国している。なんともバカバカしい話としか言いようがない。

アメリカの反日学者を抑えるために、日本は反日学者への資金援助をやめ、少なくとも反日ではない学者の研究、留学を応援すべきだ。

実は少数派にすぎない反日研究者

実は、彼らのように「反日」を声高に叫ぶ歴史研究者はアメリカでは少数派にすぎない。

そもそもアメリカには日本の慰安婦問題を専門にしている研究者などいないし、反日を主張している研究者も捏造された歴史を聞きかじって声を上げているだけだ。その少数派の研究者が、日本側の歴史学者たちに対し「言論弾圧」をしているというのが真相なのである。

しかし、少数派だからと侮ってはいけない。日本人があまり知らないアメリカの大学の制度に、テニュア（Tenure）というシステムがある。大学教員の終身在職権のことで、研究者を一定期間の任期で採用し、任期中の論文や授業の業績、パフォーマンスを審査し、合格者だけに雇用保証を与えて終身雇用の資格（つまりテニュア）を与える制度だ。それが彼らに力を与えている。仮に審査担当の教授の思想に反するような研究や発言をしていると、評価が落ちて終身在職権が得られなくなってしまう。だから、大学の若手研究者は自由な発言ができなくなっているのだ。アメリカの大学における歴史研究の自由に対する圧力が極めて強くなっている原因はそこにあると言えるだろう。

とにかく、アメリカで開かれるシンポジウムやセミナーの出席者は日本に対してネガティブな学者や専門家ばかりだ。中国・韓国系の学者が「日本政府は従軍慰安婦や元捕虜の問題で十分に謝罪と賠償をしていない」「日本はナチスドイツと同様の大規模な国家犯罪を行った。ドイツは謝ったが、日本は謝っていない」などと非難を繰り返すし、それに同調する日本人研究者も少なくない。

たとえば、産経新聞ワシントン特派員の古森義久氏が「戦後賠償の問題はサンフランシスコ講和条約ほかによって解決済みである」「東京裁判で約１０００名もの日本人が死刑に処せられた。すでに戦争責任は全うしている」などと主張をしても多勢に無勢の状態になってしまうのだ。こんな状況のままでは、中国、韓国の対日糾弾と謝罪・賠償要求は半永久的に続く。それを改善していくには、日本の主張を伝える場を多く設ける努力をより積極的に行っていくしかないだろう。

その意味で、私は、２０１５年4月29日に、安倍晋三首相がアメリカ議会上下両院合同会議で行ったスピーチは非常に意味があったと思っている。

「ルビコン川を渡った」安倍首相の演説

安倍首相はスピーチの中で、「中国と日本の違い」を強調した。もちろん、中国を名指しこそしなかったが、民主主義国の日本とアメリカの深い関係について、自身の祖父である岸信介《のぶすけ》の言葉を引いて「日本が、世界の自由主義国と提携しているのも、民主主義の原則と理想を確信しているからであります」と語った。次いで自分の名前を「エイブ（Abe）」

と読ませて「エイブラハム・リンカーン」を想起させ、「日本にとって、アメリカとの出会いとは、すなわち民主主義との遭遇でした」と述べ、さらにアジアの海の平和について、次のように語った。

「第一に、国家が何か主張をするときは、国際法に基づいてなすこと。第二に、武力や威《い》嚇《かく》は、自己の主張のために用いないこと。そして第三に、紛争の解決は、あくまで平和的手段によること。太平洋から、インド洋にかけての広い海を、自由で、法の支配が貫徹する平和の海にしなければなりません」

この文章は明らかに、中国の存在を念頭に置いたものだったが、安倍首相の意図するメッセージはアメリカ人によく伝わったと思う。実際問題として、習近平《しゅうきんぺい》の独裁化が進む中国の指導層の中には、アメリカの議会に赴いて安倍首相のようにスピーチを行い、「我々はアメリカと同じ価値観を共有している」と宣言できる政治家は1人もいないだろう。

さらに私が注目したのは、太平洋戦争で硫黄島の激戦を戦った栗林忠道大将の孫・新藤義孝氏（前総務大臣）とローレンス・スノーデン海兵隊中将を演説の場で引き合わせて「かつての敵は今日の友」という真実を伝えたことだった。

戦争というのは互いに国としての立場があり、片方が善で片方が悪だと単純に割り切れるものではない。今や日米は友人なのだから、敵対していた過去の時代は水に流しましょう、ということであり、過去にとらわれない日本人の長所が発揮された瞬間だったのではないかと思う。それは、あの演説をスタンディングオベーションで称賛したアメリカ議会の礼儀正しさがすべてを物語っている。

それにもかかわらず、日本の左派のメディアは盛んに「過去の戦争に対するお詫《わ》びがない」と批判していた。それは中国や韓国のように過去ばかりを見て将来を見ない、あるいは「木を見て森を見ない」視野の狭い発想だ。いくらマイク・ホンダ議員や『朝日新聞』が日本を悪者に仕立てようとしても、日本とアメリカの間での歴史問題は枝葉末節にすぎない。ここでいう本質、すなわち「森」とは、アジアの平和と安定にほかならない。もしアジアの海に中国や北朝鮮その他の不安定要素があるとすれば、それを安定化させる力の源は日米の協力以外にない。私は、その事実がはっきりと確認された、歴史的な場面だったと思っている。

第五章

アメリカが抱える根深い宿痾《しゅくあ》

ナポレオンの憲法押し付けを真似たアメリカ

それにしてもなぜ、アメリカはこれほど平気で他国に対して自分たちの正義を押し付けようとするのか。それは第一章で書いたように、マニフェスト・デスティニーのDNAを色濃く受け継いでいるからだが、それにもう1つ加えるとするならば、ナポレオン1世（ナポレオン・ボナパルト）の影響も挙げられる。

フランス革命はご存じのように、1789年7月14日のバスティーユ襲撃を契機に始まった。それまで絶対的とされていた君主（ブルボン朝）による支配体制を打破しようとする民衆（貴族）たちによる反抗だった。バスティーユ襲撃の報はあっという間にフランス全土に広まり、1792年9月21日には、国民公会によって、王政廃止とフランス第一共和政の成立が宣言され、1月15日から19日にかけて革命裁判にかけられたルイ16世は、国民公会で死刑賛成387対反対334の僅差ながら死刑が決まり、同年1月21日に2万人の市民が見守る中、パリの革命広場（現在のコンコルド広場）でギロチンによって処刑された。また、10月16日には王妃マリー・アントワネットも市中を引き回された末に処刑された。

それを見ていて自国での反乱勃発《ぼっぱつ》を恐れたイギリス、スペイン、サルデーニャ王国などが対仏大同盟を結成して各国軍がフランス国境を越えて侵入。そんな中、ロベスピエールらによる恐怖政治が行われるなど、フランス国内は大きく混乱したが、それを収拾したのがナポレオンだった。

そしてナポレオンは1799年に軍事独裁政権を樹立すると、いわゆるナポレオン戦争で、イギリス、ロシアとオスマン帝国の領土を除くヨーロッパ大陸の大半を征服して勢力下に置いていった。つまり、ナポレオン戦争は、フランス革命を外国の干渉から守る革命防衛戦争として始められたが、しだいに「革命の理念」(君主打倒)の拡大のための戦争へと変貌し、侵略戦争へと変質していったのだ。

それにしてもみごとだったのはナポレオンが征服した国に対し、憲法をつくって与えるという手法をとったことだ。侵略した国の民に対して、「お前たちに最も優れた法律をつくってやる。これからお前たちの法律は変わる。今までの習慣、伝統は捨てなさい」とやったのである。それはまさに〝革命のススメ〟である。そして、それを民衆たちは大喜びで受け入れた。これで自分たちは幸せになれると思ったのだ。

そうした民衆の熱狂が、ヨーロッパの封建体制を崩壊させ、市民社会の拡張をもたらす原動力になっていった。そういう意味では、ナポレオンは〝革命を輸出〟することによって、ヨーロッパを支配していったということだ。

そして、そのやり方をそっくり真似《まね》たのがアメリカだ。独立戦争という革命で誕生したアメリカは他国の歴史や文化を顧みることもなく、自分たちの正義を他国に押し売りするのも当然のことと考えている。自分たちはより優れているし、より進歩的なのだから、どんな国でもそれに従うのが当たり前であり、そうしないのが不思議だと考えている。その傲慢《ごうまん》さはまさに本能になっているとさえ言える。

リンカーンとマルクスの交流

いわゆるアメリカンイデオロギーの信奉者たちがアメリカをハイジャックするようになってきたのは、リンカーンが大統領になった頃からのことだが、面白いのはリンカーンは共産主義の生みの親であるカール・マルクスとの間に交流があったという事実だ。あまり知られていないが、リンカーンが１８６４年に大統領に再選されたとき、マルクスがイギリスからリンカーンに手紙を送っている。

形としては、イギリスの国際労働者協会（第一インターナショナル）がリンカーンに送った「あいさつ」だ。マルクス自身が起草したものを、ロンドン駐在の米公使を通じてリンカーンに送ったとされる。

その内容は、リンカーン再選へのお祝いの言葉に始まり、リンカーンが奴隷廃止を訴えて選挙に勝っていたことを高く評価し、およそ次のような言葉で結んでいる。

〈ヨーロッパの労働者は、アメリカの独立戦争が、中間階級（ブルジョアジー）の権力の新しい時代を開いたように、アメリカの奴隷制反対戦争が労働者階級の権力を伸張する新しい時代を開くであろうと確信しています。彼らは労働者階級の誠実な息子、エイブラハム・リンカーンが、鎖につながれた種族を救出し、社会的世界を改造する比類のない闘争を通じて、祖国を導いていく運命を担ったことこそ、来るべき世界の予兆であると考えています〉

マルクスとフリードリヒ・エンゲルスが『共産党宣言』をイギリスで出版したのは1848年2月で、社会主義革命を目指す世界初の国際政治結社として第一インターナショナルが創設されたのは同年9月のことだった。そのマルクスは、1864年のリンカーンの奴隷解放の宣言を社会主義闘争＝階級闘争の一環として称えていたのだ。

まさに、マルクスは「奴隷解放＝社会主義革命」と捉えていたということだ。そのマルクスからの手紙に対して、リンカーンも次のような丁寧な返事を書いている。

【リンカーンのマルクスへの返書】

ロンドン、１８６５年１月28日

合衆国公使

拝啓

私は指示により、貴協会中央評議会の祝辞が当公使館を通じて合衆国大統領にしかるべく伝達され、大統領によって受け取られたことをお知らせするものです。

祝辞が表明しているお気持ちは個人にたいするものであり、このお気持ちをうけとった大統領は、米国民および世界中の非常に多くの人道と進歩の味方の人々から近来さしのべられてきた信頼に値いすることを示したいとの、心からの希望をいだいております。

合衆国政府が明確に自覚しているのは、私たちの政策は反動的ではありえないが、同時に、いかなる場所でも宣伝活動や不法な干渉は差し控えるという、当初から採択した立場に忠実でありつづけるということです。合衆国政府は、すべての国家とすべての人間にたいし平等かつ厳格に公正な対処をするよう努力し、その努力の有益な結果に依拠して国内での支持と世界中の尊敬と行為を求めることです。

諸国家は自分のためにだけ存在するものではなく、善意ある親交と模範によって人類の福祉と幸福を促進するために存在するものです。まさにこの関係において、合衆国は、奴隷との現在の紛争における自らの大義、〈奴隷制への〉反逆者たちへの支援を、人間性のためのものとみなしているものであり、わが国の態度が開明的な賞賛と熱烈な共感をうけているというヨーロッパの労働者階級の証言を新しい励ましとして、努力をつづけるものです。

敬具

チャールズ・フランシス・アダムズ

（『科学的社会主義における民主主義の探究』不破哲三著：新日本出版社より）

当時、南北戦争を戦っていたリンカーンは、マルクスからの「あいさつ」を、奴隷解放を目指して戦っている自分に対する賞賛として大いに喜んだということだ。

民主主義を唱えるアメリカの大統領が、共産主義の生みの親であるマルクスと、親しげな手紙のやり取りをしていたことは意外に思えるかもしれない。しかし、当時のアメリカを考えると、マルクスとリンカーンが親和的だったことも理解できる。

リンカーンはアメリカ初の共和党所属の大統領だった。その共和党はアメリカの北東部から中西部にヨーロッパから移民してきた進歩的な知識層によって、１８５４年に結成された党である。そのため革命思想が強く、マルクスの唱える社会主義革命にそれほど違和感を覚えなかった。ヨーロッパの金持ち層に対してアンチだという部分で非常に親和性が高く、「共に社会を変革しよう。世の中を動かそう」という改革者の思いを持って、お互いに、それほど抵抗もなく受け入れる素地があったということだ。

それに私は、リンカーンは野心的で、公の場でこそ宗教的な発言もしているが個人としては信仰をバカにしていたのではないかと思っている。

リンカーンの両親はバプテスト教会の信者だったが、彼自身はどこかの教会の信者になるということもなかったとされている。そのあたりも、宗教を否定するマルクス主義と受け入れやすい理由の1つだった。

また、奴隷解放の父と称えられるが実は、奴隷解放についても当初はそれほど積極的ではなかったし、むしろ人種差別者で、黒人層の台頭に恐怖心を抱いていた白人指導層が提案していた「黒人移民構想」にも賛同していたとされる。黒人なんてアメリカから追い出してしまえばいいと考えていたのだ。

リンカーンが奴隷制度反対の声明を出したのは、1854年に成立した奴隷制を擁護するカンザス・ネブラスカ法に反対する演説の場でのことだったが、実は1858年には、「自分はこれまで、黒人が投票権を持ったり、陪審員になったりすることに賛成したことは一度もない」「自分は白人の優位性を疑ったことはない」などと語ったとされる。

また、1861年に南北戦争が始まった頃には、「南北戦争が始まった原因は黒人にある」「私は戦争に勝って連邦を維持するために、奴隷を解放したほうが良いのならそうする。奴隷を解放しないほうが良いのならそうする」とも語ったとされる。

つまり、リンカーンが奴隷解放を口にするようになったのは、大統領になるためであり、単なる手段だったということだ。

アメリカはこうした手法で歴史を捏造《ねつぞう》するのが得意な国だ。そして歴代大統領は、歴史を塗り替えて対外戦争を繰り返してきた、

陰謀を隠したウィルソン大統領

第一次世界大戦のとき、当初は中立の立場をとっていたアメリカがドイツに対して宣戦布告し、連合国の一員として参戦したのは1917年4月のことだったが、そのときの大統領ウッドロウ・ウィルソンは、議会で次のような演説をした。

「我が国のすばらしく力強い人々を、戦争に、それもこれまですべての戦争の中で最も恐ろしく悲惨な争い、不安定な状態の文明に導くことはぞっとすることだ。しかし、正義は

平和よりも尊い。我々は、常に大切にしてきたもののために戦うべきだ。それは民主主義であり、自らの政府に対して声を上げる人々の権利であり、小さな国々の権利と自由であり、そして、平和と自由をすべての国にもたらし、ついには地球上すべての国を自由な世界にするための、自由な人々の協調による普遍的な主権である」

それはまさにあらゆる戦争を正当化して、アメリカンイデオロギーを世界に押し付けることを宣言した瞬間だったとも言えよう。そしてそれ以降、アメリカの歴代大統領は、「民主主義実現のために世界を安全にする」というロジックを頻繁に口にして、自国民を対外戦争に駆り立てるようになった。

第二次世界大戦参戦を決めたフランクリン・ルーズベルトとそのあとを継いで第二次世界大戦を戦ったハリー・S・トルーマンもしかり。ベトナム戦争の火蓋《ひぶた》を切ったジョン・F・ケネディとそのあとを継いだリンドン・ジョンソンとリチャード・ニクソンもそうだった。また、ベトナム戦争以来の本格的な外国侵攻「グレナダ侵攻」に踏み切ったロナルド・レーガンもそうだし、湾岸戦争を決行したジョージ・H・W・ブッシュ（パパブッシュ）、同時多発テロ事件後に「戦時大統領」を自任してイラク戦争を進めたジョージ・W・ブッシュ（ブッシュ・ジュニア）、さらにはそのあとを継いだバラク・オバマもそうだ。

彼ら、アメリカの歴代大統領は、ウィルソン大統領の亡霊に操られ、その崇高な理想と普遍的な任務のために、アメリカンイデオロギーの押し売りを続けてきたのだ。

善悪は別にして、確かに「地球上すべての国を自由な世界にするため」というアメリカの主張を完全に実現するには、その国のあらゆる伝統を破壊し、自分たちのイデオロギーを押し付ける必要があるだろう。しかし、その裏にはもう1つの顔が隠されている。それは〝選民思想〟と呼んでもいいものだ。

ウィルソンは、第一次大戦末期に、レーニンの「平和に関する布告」に対抗して「14か条の平和原則」を発表。その後、新世界秩序を掲げてパリ講和会議を主宰し、国際連盟の創設に尽力してノーベル平和賞を受賞した。だが彼の提唱する平和原則は、それまで大戦中にイギリス、フランス、イタリア、日本などの主要国が結んだ協定や条約を無効にして、アメリカにとって都合のいい条件を求めるだけのものにすぎなかった。

また、日本が国際連盟創設を前提としたパリ講和会議の国際連盟委員会に、国際連盟憲章に人種差別の禁止を謳《うた》った「人種的差別撤廃提案」を入れるように提案すると、それに大反対し、11対5の賛成多数で採決されたにもかかわらず、「全会一致でない」「本件のような重大な問題についてはこれまでも全会一致、少なくとも反対者ゼロの状態で採決されてきた」などと勝手な屁理屈をこねて、議長権限で否決としてしまったし、最終的にアメリカは国際連盟への参加も見送った。もともと、「地球上すべての国を自由な世界にする」

という理想の中に、自分たちとイデオロギーを異にする者、ましてや黄色人種を含めることなど考えてもいなかったのだ。

一方、アメリカ国民は、「地球上すべての国を自由な世界にする」という言葉に単純に騙《だま》された。ウィルソン大統領は、アメリカンイデオロギー信奉者たちの陰謀をみごとに〝昼間の太陽の光から隠すこと〟に成功させ、それが歴代の大統領に脈々と受け継がれているのである。

「アメリカはユダヤ人のためにドイツと戦った」という嘘

今、アメリカでは「アメリカは、第二次世界大戦のとき、ユダヤ人のためにドイツと戦った」という考え方をする人がかなりの数に上っている。一種の流行と言ってもいいほどだが、それも明らかな嘘《うそ》だ。

だいたいナチスドイツによるホロコーストの輪郭（つまり、ナチスがどれだけ酷《むご》いことをやっているか）がわかったのは戦争の最後の最後の段階だったわけで、ルーズベルトにはユダヤ人を助けようなどという考えはまったくなかった。残念ながら、「アメリカが第二次世界大戦に参戦したのは、ホロコーストを防ぐためだった」というのは後付けにすぎず、自分たちを気持ちよくさせる出まかせにすぎないのだ。

そもそもアメリカが、ナチスドイツを大嫌いだったのは、ナチスドイツがリベラルを拒否する伝統を持つ国家だったからである。もちろん、ナチスドイツの「ドイツ民族はアーリア人と呼ばれる卓越した人種である」という話はヒトラーが捏造したもので、本来の伝統をひどく逸脱した偽りのものだったが、それでもアメリカにとっては非常に邪魔なものだった。ヒトラーが進歩主義の最前線のボルシェビシズム（ロシア社会民主労働党左派の思想）を否定したことだけで許せなかった。

だから、前述したウィルソンの流れをくむアメリカの〝進歩派〟は、それを壊さなければならないと叫んだ。そして、その目的のためにアメリカはソ連（つまり、進歩派の聖地）と手を結んだのだ。

1939年、ドイツはポーランド侵攻の直前にソ連と独ソ不可侵条約を締結していたが、ヒトラーはスラブ人を劣等人種と見做《みな》しており、いずれはスラブ人から東ヨーロッパの広大な土地を奪ってドイツ人の植民地をつくるという野望を抱いていた。そして第二次世界大戦の当初こそソ連とともにポーランドを占領するなどしていたが、フランス侵攻を成功させたヒトラーは軍に対してソ連への攻撃を命令。1941年6月22日、ドイツ軍が突然ソ連に侵入して戦争状態となった。

こうして独ソ戦が始まると、それまでソ連を非難していたイギリスはすぐに大量の物資の援助を提案する。「敵の敵は味方」というわけだ。また、それまで中立の立場をとっていたアメリカも5月に制定したレンドリース法（武器貸与法）をソ連にも適用することを決定。同年10月から実に多くの武器と物資がソ連に供与されていった。

アメリカはなぜソ連と同盟を結んだのか。その背景には、ともに伝統をぶち壊すことを目的とするという共通項があったからである。

そもそもソ連の誕生は、ロシアの伝統（特にロシア正教会とその習慣）をぶち壊す運動の結果だった。ロシア国内では、激しい反ロシア運動が起こり、最終的にレーニンが登場してボルシェビズムが登場した。

一方、アメリカの連邦政府はアメリカの伝統に対して非常に否定的だった。特に南北戦争の後、連邦政府の使命はアメリカ大陸に残るあらゆる伝統を壊滅させることだった（連邦政府の先住民族に対する扱いはその古典的な例である）。

このように、伝統に対する考え方の面では、アメリカの連邦政府とソ連は瓜二つだったのである。そういう意味で、私は第二次世界大戦（ほんとうの名前は、「第二次反伝統世界大戦」だと言ってもいい）で、両国が同盟をつくったのは自然なことだったのだ。

伝統を壊すという意味では、宗教を潰《つぶ》すことも重要だった。それは、アメリカのリベラルは、伝統と宗教が堅固に存在しているとなかなか落ち着けないからだ。
なぜ落ち着けないのか。それは、リベラルが描く人間像が虚像にすぎないからである。

虚像にすぎないリベラルの描く人間像

そもそもリベラルが求める人間像とは、過去の歴史や伝統など無視し、人智を超えた存在を信じない（つまり宗教心のない）、そしてアメリカンイデオロギーに支配された政府以外にアイデンティティのない「個人」である。つまり、リベラルが支配する世界では、その個人は〝社会の分子〟にすぎない存在なのだ。一方、ソ連が目指した共産主義の世界は、そもそも宗教を否定しており、個人が集団の一部としてしか生きられない世界だった。

そういう意味では、アメリカでもソ連でも、個人は「政府の歯車の1つ」でしかないのであり、その点でリベラルのアメリカと共産主義のソ連は実に親和性の高いものだったと言えよう。だからこそアメリカは、1930年代から1940年代にかけて、平気でソ連と手を結べたのである。

また、リベラルなアメリカと共産主義のソ連が国民に求めていた個人像は、本来人間が望むものとはかけ離れた、実態のない虚像にすぎなかった。それにもかかわらず、いずれの支配者層も国民に対して壮大な嘘をつき続けていたのだ。

またその一方で、宗教をぶち壊すことに必死になった。宗教的な存在（天国、神様、教会、天使など）は政府の力などを簡単に超越してしまうからである。

ちょっと脱線するが、今の中国には政府の許可のないチベット仏教の頂点に立つダライ・ラマ（法王）の〝生まれ変わり〟を禁止するという、笑ってしまう法律があるそうだ。しかし、アメリカの連邦政府も同じような目で宗教を見ている。国民を思うがままに操りたい政府にとって、宗教は最も嫌いな存在なのだ。

実は、アメリカが太平洋戦争で日本を徹底的に攻撃した大きな理由の1つにこの宗教問題があったとも言える。日本はすばらしい伝統と宗教の両方を兼ね備えていた。アメリカの連邦政府にとっては、それが許しがたかった。だから、アメリカは、日本との戦争で日本の伝統と宗教を完膚なきまで粉々に壊さなければ気がすまなかったのである。

しかしその目的は、武力だけで達成できるものではなかった。そこでアメリカは日本の軍隊を滅ぼしてのち、すぐさま次の戦争を始めた。日本人洗脳作戦だ。

アメリカは、占領政策を推し進める中で歴史を捏造して太平洋戦争を日本による一方的な侵略だと書き換え、日教組などを通じて、「日本」という許しがたい存在を消し去ろうとした。それは、かつてアメリカの先住民族に対して行い、彼らの伝統、宗教、過去、そしてアイデンティティまで奪った方法とまるで同じだった。

そして、すべてを失った日本（言い換えればすべてをアメリカの連邦政府に奪われた日本）は、「アメリカ連邦政府という偶像を拝めば、日本の安全を保障する」という条件で、メイド・イン・アメリカの憲法を受け入れ、アメリカの傘下に入ったのである。

つまり、今の日本国憲法はまるで偶像を崇拝しているようなものだと言っても言い過ぎではないのだ。

アメリカの連邦政府は天国や神様を忘れてしまい、神様の代わりに自分の〝理性〟を拝むようになっている。それはまったくの偶像にすぎないのだが、それこそ「啓蒙思想」の最終的な姿である。

そして、神様を天国から追い出したアメリカ帝国は、他国に対して自らを崇拝の対象にすることを求め、偶像崇拝の「応募者」を必死に探し、応募者が見つからなければ、戦争を起こしてでもむりやりにでもそれを実現しようとする。そういう意味では、日本国憲法は、アメリカンイデオロギーという偶像を崇拝するためのインストラクション・シート（指示書）であり、そこには個人を尊重するという考え方はまったく存在していない。

教皇の言葉より〝アメリカの正義〟を優先

2001年9月11日にアメリカで「同時多発テロ」が起きると、アメリカ国民はかつてないほど大きなショックを受けた。近代になって初めて体験すると言ってもいいアメリカ本土への攻撃だったし、その規模があまりにも大きかったからだ。

それを受け、第43代アメリカ大統領のジョージ・W・ブッシュ（第41代アメリカ合衆国大統領ジョージ・H・W・ブッシュの長男）は、翌日の12日には「テロとの戦い」を宣言する。そして18日には、アメリカ議会で「テロを計画、承認、実行、支援したと大統領が判断した国家、組織、個人に対してあらゆる必要かつ適切な力を行使する権限を与える」とすることを決議。10月7日には、イギリスと共同してアフガニスタンへの軍事攻撃「不朽の自由作戦」を開始した。ブッシュは、軍に対して、アフガンへ侵攻して、タリバン政権を打倒し、ウサマ・ビン・ラディンの逮捕あるいは殺害（デッド・オア・アライブ）を命じていた。

また、同年10月26日にはアメリカ議会が「米国愛国者法」を成立させた。正式名称の「2001年のテロリズムの阻止と回避のために必要な適切な手段を提供することによりアメリカを統合し強化するための法律」でわかるように、同時多発テロのような事件を再発させないことを目的に、捜査機関の権限を拡大し、国際マネーロンダリングの防止策を講じ、出入国管理などを強化するための法律だった。

そのアメリカを主導するために釘を刺したのは、キリスト教の頂点に立つローマ教皇ヨハネ・パウロ2世だった。パウロ2世とブッシュは、2002年5月28日にバチカンで会見したが、そのときヨハネ・パウロ2世はブッシュに対して、「あなたは、いわゆる保証と安全をイドラ（偶像）にしており、人間の神聖、命の尊さを忘れている」と叱ったとされる。

だがブッシュは聞く耳を持たなかった。ブッシュは、イラン、イラク、北朝鮮の3か国を「悪の枢軸《すうじく》」と名指しして、2003年3月20日にはイラク戦争に踏み切った。

ヨハネ・パウロ2世は、イラク戦争の最中にも、ブッシュがしばしば「神の加護を」「神の祝福あれ」と「神」を引用して戦争を正当化することに対して、「神の名を用いて殺すな」と不快感を示して、「イラクでのこの戦争に正義はなく、罪である」とも言い、激しい批判を繰り返した。しかし、ブッシュはいったん始めた戦争をやめようとはしなかった。キリスト教の教えではなく、〝アメリカの正義〟を優先したのである。そういう意味では、アメリカはもはやキリスト教の国ではなくなっていたとも言えよう。

2003年5月にはブッシュによる「大規模戦闘の終結宣言」が発せられ、12月にはサダム・フセインも逮捕されたが、アメリカが主張する「大量破壊兵器」は発見されぬまま戦闘は続いた。そして第44代の大統領となったバラク・オバマが、2011年12月14日にアメリカ軍を完全撤収させ、戦争の終結を正式に宣言するまでに、アメリカ軍を中心とした有志国連合は4000人以上の死者と3万人以上もの負傷者を出すこととなった。

ソ連崩壊はユートピア喪失の始まりだった

それにしてもなぜ、ブッシュはイラク戦争へと突き進んだのだろうか。

ブッシュが、大統領として国と国民の安全を優先しなければならなかったのは確かだろう。しかしそれ以上に、アメリカンイデオロギーに根ざすマグマのようなエネルギーが、アメリカを戦争に向かわせたのではないか。私は、そこにこそ現在のアメリカの本質があるように思えてならないのだ。

かつて、冷戦時代にはアメリカにとってソ連という明確な対立軸が存在していた。共産主義vs経済自由主義という〝お互いの正義〟の真正面からのぶつかり合いだ。

だがソ連が崩壊するとともに、アメリカはそのエネルギーを向ける相手がいなくなってしまった。そのとき、ソ連の存在が恋しくなったアメリカの政府関係者は少なくなかったのではないか……。なぜなら、アメリカvsソ連という対立は、核兵器によって世界のすべてを滅ぼしてしまう可能性を伴うほどの恐怖に満ちた対立だった一方で、ある意味で、自国の存在意義や秩序を与える大きな役割をも果たしたからである。

もう少し説明してみよう。

かつて欧米文化の中心を担っていた「クリスティンダム」は、幾多の革命（それは近代化とも言える変化だ）を経て徐々に崩壊していった（クリスティンダムとはキリスト教を信じている国々とその人々のことである）。その結果、人々は〝天国〟を忘れて、現世的なこと（主として経済活動）に注目し、重要視するようになっていった。効率的な経済活動と、それによってより多くの富を得ることを最大の目標とするようになっていった。

それは、共産主義にせよ経済自由主義にせよ同様だった。

共産主義を信奉する者は、財産や生産手段を共有し、みんなで協力し合うことで、未来のある日、誰もが平等になり、社会の紛争が終わり、その日からまるで天国のような社会ができると教えていた。ソ連はそこに未来を見ていた。

一方、個人主義をベースとするアメリカは、あくまで意思決定は個人に委ねられるべきものであり、自由な競争による夢の実現こそが究極の目的であり、他人の自由を侵さない限り、個人が自らの富を追求することを是としていた。「アメリカンドリーム」という言葉に象徴されるように、自由・平等・民主主義に立脚して、出身や階級に関係なく、自らの努力で成功をつかむことができる社会こそが目指すべき世界だった。

このアメリカとソ連の対立は、最終的にアメリカの勝利となった。ソ連崩壊によってアメリカは世界の頂点に立つこととなったのだ。形の上では完全にアメリカの勝利だったし、あとはアメリカンイデオロギーが支配するユートピアが誕生するはずだった。

ところがそうはならなかった。ソ連の崩壊で対立軸がなくなってしばらくすると意外なことが起きた。テロの多発であり、頂点に立つアメリカが最大の標的となった。世の中がまた無秩序に見えるようになってしまったのだ。

かつてのアメリカであれば、こうした混乱にあたって、たとえばキリスト教をベースに秩序を取り戻そうとしただろう。しかしアメリカ政府は、前述したように神様の存在を事実上否定した（たとえば、アメリカの紙幣や硬貨の裏には「In God We Trust＝我ら神を信ず」という言葉が書かれているが、このゴッドは神様かマネーかが明記されていない。今はまさにマネーを信じていると言ってもいい状況だ）。そして、それまで以上に、絶大なる軍事力を生かして自国の安全と保証を担保しようとしている。それがさらなる混乱を生み出していく。

そういう意味では、核兵器による世界の終焉《しゅうえん》を予感させるほど激しく対立したアメリカとソ連も、それぞれのイデオロギーに基づきながらも、〝ユートピア〟を模索していたという点では同じであったし、その対立軸があったからこそ、互いに世界の複雑さを理解しようと努力していた。その対立軸がお互いをはかる計算尺のような役割を果たしていたとも言える。だが、今の世界に計算尺は見当たらない。それだけ、先の見えない世界になりつつあるということだ。

常に次の獲物を探すグローバル経済

アメリカでは、1980年代に金融の自由化・国際化をきっかけに金融グローバリゼーションが始まったとされる。そのとき、金融会社がお年寄りの年金までかき集めてウォール街に流し込んだ結果、株価は急激に上昇して、資本家は大きな利益を出した。一方、採算性の悪い鉱山や自動車工場は次々に潰れて大量の失業者が出た。その結果、ミドルクラスは多少株で儲《もう》かったものの、その下のクラスの人々はみな、より一層貧しくなってしまった。それは言わば資本家たちによる合法的なぼったくりのようなものだった。そして同じようなことが何度も繰り返されて、巨大なグローバル資本が形成され、そのグローバル資本が世界を漂いながら、オオカミのように次の羊を探している。

しかし考えてみると、この結果は、資本主義者とマルクス主義者の両者ともに追い求めていたものなのではないだろうか。根底にあるのは「人間としての幸福とか、存在意義を問うなんて意味がない。最終的には物理的に存在しているものしか価値がない」という唯物論であり、利益を上げることがすべてだという拝金主義だ。

アメリカではそうした流れに反抗する者も現れた。たとえば1960年代後半に大きなムーブメントとなったヒッピーたちもそうだった。彼らは、文明以前の自然で野生生活への回帰を提唱し、「自然と愛と平和とセックスと自由を愛している」と主張した。その中にアビー・ホフマンという人がいた。政治活動家で、ベトナム戦争に反対する青年国際党（イッピー）をつくったことで知られている。だが彼は1980年代になると、ウォール街の大銀行で働くようになっていた。結局、彼にとってはヒッピーという生き方は単なるパフォーマンスにすぎなかったということだろう。

ノーベル文学賞を受賞したソ連のアレクサンドル・ソルジェニーツィンは、迫害を逃れてアメリカに亡命していた1978年にハーバード大学で学生たちに対して次のような趣旨の講演をしたという。

「私は共産主義の国から逃げてきた。共産主義者は唯物論だけを唱えている。だがあなたたちも一緒だ。人間は物理的な存在以上のものなのに、あなたたちは資本主義、資本主義というばかりだ。アメリカは繁栄しているかもしれないが、ほんとうの自由はない」

ソルジェニーツィンはアメリカの本質を見抜いていたのである。

福祉増大で国家的危機を狙ったアメリカの左翼

今から40年以上前の話だが、1960年代後半にアメリカ人左翼のリチャード・クロウォードとフランチェス・フォックス・ピヴェン（2人は夫婦でともに左翼の拠点とされるコロンビア大学ソーシャルワーク大学院教授）が、社会福祉予算の増大を目指し、全米の左翼知識人や有色人活動家を巻き込んで「クロウォード&ピヴェン戦略」（Cloward and Piven Strategy）を推し進めたことがある。

それは、①健康で人間らしい体面を保てる水準までの扶助基準の引き上げ、②資力調査活動の縮小、③家族単位原則の撤廃、④プライバシー侵害に対する反対、⑤追加的所得を理由とした扶助削減反対、⑥法的諸権利の尊重、などを柱とするものであり、一見すると貧困層をなくすための進歩的な政策の提言だった。だがその裏には、アメリカという国を崩壊させようという狙いがあったと言える。

彼らが注目されたのは、1966年に雑誌『ザ・ネーション』に「貧民の重み：貧困を終わらせる戦略（The Weight of the Poor：A Strategy to End Poverty）」を発表したのがきっかけだった。

その当時、アメリカはベトナム戦争や公民権運動で揺れていたが、都市部の黒人をはじめとする有色人種は貧困にあえいでいた。当然、そうした貧困層に対する福祉プログラムも用意されていたが、知識がないため、受けられる福祉も受けないままの人が多かった。クロフォードとピヴェンは、そうした人々は貰《もら》えるものを貰うべきだと主張し、活動家たちに福祉の存在を教え、その手続きも手伝ってやれと焚《た》きつけたのだ。

なぜ、そんなことをしたのか。そこには、なるべく多くの貧民に福祉を与えることで、福祉予算を最大限に肥大化させ、国家的危機にまで導き、福祉政策を国家の一番重要な政治課題にして、自分たちが政治の表舞台に立つことにあった。

つまりこういうことだ。貧困層が次々と福祉を求め始めると、地方自治体は支払いの手続きや予算確保に追われ、州政府に泣きつく。さらに州政府の手に負えなくなると、問題はワシントンの連邦政府に上げられ、上院議員や大統領が動くようになり、巨額の予算が組まれることになる。それと同時に、政治的に目覚めた民衆がより多くの福祉プログラムを求めるようになれば、リベラル左翼の役人や活動家、福祉関係者などの権限やポストも増えるし、そこで生まれる利権に群がる勢力も出てくるから、政治的な発言力はますます強くなる。どうせ、福祉に使う財源なんて税金だから、大盤振る舞いして自分たちの人気も上がる。

所詮《しょせん》、正義感を振りかざすリベラル学者の考えそうなことである。誰がその予算（税金）を生み出しているのか考えないし、そもそも、ブルジョアは敵だから、いくらでもお金を奪ってもいいという発想だった。しかし、当然のことながら、その先にあるのは福祉制度の崩壊であり、国家の破綻である。そうなると一番困るのは福祉を受けている貧しい人たちなのだが、この夫婦とそれに賛同した左翼知識人たちにとってそんなことはどうでもよかったようである。

幸いなことに、クロウォード&ピヴェン戦略は完全に成功するには至らず、アメリカも破綻せずにいる。しかし、リベラル左翼の野望は今も衰えていない。

ちなみにオバマ大統領は、オクシデンタル大学（カリフォルニア州ロサンゼルス）に入学したのち、2年後にはコロンビア大学に編入している。そのときオバマは、自らがケニア人だと公に繰り返していたそうだ。

そのオバマがオバマケアを推し進めたのに対し、その廃止を主張して当選したトランプ大統領に根強い支持層がいる。アメリカ国民の中に、そうした左翼的な考えに対する大きな不信感があるからである。

中国のプロパガンダ機関「孔子学院」の問題点

中国は今、「孔子学院」という名前の元で多額の金をアメリカの学会に流している。この孔子学院は、中国が海外の大学などの教育機関と提携し、中国語や中国文化を教育することで、中国との友好関係を醸成することを目的にしたものとされるが、実は、教員の給料をはじめ、運営資金は実質的に中国政府が負担する中国のプロパガンダ機関だ。世界500か所以上のうち40％近くがアメリカに集中しており、アメリカ外交問題評議会（Council on Foreign Relations：CFR）も、大学などが学習計画作成にあたるだけでも年間最低10万ドルが提供されていると指摘している。まさに、アメリカに親中派を育成するための拠点となっているのだ。

それに加え、アメリカは実に多くの中国人学生を受け入れている。中国からの留学生は優秀な者もいるが、単なる工作員も少なくない。その彼らがアメリカの大学を出てアメリカの会社に入り込んで、会社や軍隊などの秘密を盗んで中国に渡している。アメリカの学会は、そんな現状には目をつぶり、留学生を〝金融資源〟と見做して金儲けに走っているのである。

もちろん、アメリカ国内にも、こうした現状に危機感を抱く人もいる。たとえば全米学識者協会は2017年4月に全米の大学に対して孔子学院を閉鎖するよう求める報告書「アメリカの高等教育における孔子学院とソフトパワー」を発表、同協会のレイチェル・ピーターソン氏は「孔子学院は、アメリカの高等教育を破壊する〝トロイの木馬〟である」と指摘している。こうした資金の流れを断ち、中国からの留学生の数を減らすことで、洗脳工場としてしか稼働していないアメリカの大学（反日再教育キャンプ）の影響力を減らすこともできるだろう。実際、全米学識者協会の指摘を受けて、シカゴ大学、ペンシルベニア州立大学などが孔子学院を閉鎖したが、中国からのプロパガンダ攻勢を完全になくすにはまだまだ時間がかかるだろう。

中国のプロパガンダのもう1つのやり方は、アメリカの映画スタジオを購入して、中国贔屓《びいき》の映画と番組などをつくり出すことである。その映画などに出る俳優の大半は、「猛反米」「猛反日」である。そしてそれで儲けているのは、ハリウッドを牛耳っているアメリカの左翼だ。彼らがつくる映画を見るたびに、彼らは潤っているのである。

戦争中に敵を助ける愚か者はいない。中国の戦争戦略の一部として使われているハリウッド、学会などを支持する必要はない。もっと強く言えば、支持してはダメなのだ。

しかし、残念なことに反日勢力との歴史戦は、日本が圧倒的に不利な状況となっている。たとえばアメリカ人はほとんどが歴史に無関心だ。アメリカ人をそう仕向けたのはアメリカのいわゆる進歩派だ。

教育を洗脳に変えたアメリカの進歩派

彼らは1900年代から、彼らの言う〝アメリカの民主主義〟を推し進めるために、それに相応《ふさわ》しい〝学問のない市民〟を育てることを目指した。そしてそのために、「教育」を「洗脳」に切り替えることに挑んだのだが、それはみごとに成功している。

今のアメリカ人は、歴史についてほぼ何もわかっていない。だからこそ、ハリウッドや連邦政府に言われるまま、羊の群れのように動くようになっている。

そんな中で、いくら正しい歴史を主張してもなんの効果も上がらない。今、アメリカで流行《はや》るのは、ディズニーの映画とかスポーツなど、思考する必要のない、脳みその働きが必要のない分野となっている。そしてアメリカの歴史の本は、いわゆる進歩派のイデオロギーの立場から書いている本ばかりになっている。

私は、そんなアメリカでの歴史戦においては、もはやちゃんとした歴史家が勝てる見通しがなくなっているのではないかと悲観している。

繰り返すが、アメリカが主導する現代の民主主義社会では、そもそもまともな歴史が敵なのだ。ほんとうの歴史を理解したら、アメリカの連邦政府を支持する人が少なくなるからであり、自称エスタブリッシュ層の支配力がたちまち弱まることになるからだ。

日本は今、そんな勢力と戦わなければならないのだ。象牙《ぞうげ》の塔にこもって、学問としての歴史に向き合うだけではとても反撃することなどできないだろう。

反日と戦うためには、歴史戦を情報戦＝戦争の一部だと見做さなければ勝ち目はない。

第9条崇拝者は日本が嫌い

このようにこれまであった国の形を崩壊させて、自分たちの望む形にしていこうとする左翼的な動きは世界各国で見られるが、日本においては、それが憲法第9条問題に象徴的に表れていると言えよう。ある意味で、憲法9条が日本のクロウォード&ピヴェン戦略であると言ってもよい。

日本に来た当初、なぜ日本人は憲法第9条を変えようとしないのかと不思議でならなかった私だが、最近では「憲法第9条を崇拝する人々は、たぶん日本を守りたくないのだろう」と思うようになった。

そもそも日本の左翼の根っこは、戦前、戦中の共産主義に深く根ざしているので、その遺伝子を受け継いでいる。戦前、戦中の共産主義者は、とにかく現行の政治体制を破壊して、共産主義の革命の準備をすることを第一の目標としていた。そして、それは今も変わっていない。

その発想から考えれば、「憲法第9条を守れ」と叫び、自衛隊を認めずバカにすることは、まさに一石二鳥だ。

憲法第9条を讃《たた》えれば讃えるほど日本は無防備になる。そして自衛隊を罵《ののし》って自衛隊志願者の数を減らせたら、いざ戦争となったとき実際に国を守る人数が不足して、自分たちが大嫌いな「日本」という国をやっとなくすことができるからだ。

やっかいなのは、自分は共産主義ではないという人でも、そうした左翼的な発想に染まっている人が多いということだ。さすがにスターリンが大虐殺をしたことや、習近平の中国共産党が言論弾圧や思想統制を行っていることは知っているから、「共産主義は怖い」とは思っている。しかし、アメリカから入ってくる左翼思想についてはあまりにも無防備であり、むしろ進歩的だとさえ思っている。これは非常に危険なことだ。

私の経験では、私が通っていたウィスコンシン大学大学院（実は毛沢東思想の再教育キャンプにすぎないが……）では、学士号を持っていない人をひどく侮辱する大学院生が非常に多かった。大学を出ていないと、政治など理解できないと、本気で思っているからだ。その一方で、貧しい家庭から出てずっと福祉を受けて仕事をしない人（自助努力をしようとしない人）を讃えるのだ。

なぜか。それは、自分たちが左翼思想に牛耳られた大学という制度、組織にくっついているからだ。その中では左翼の集団性が保たれており、左側思想から逸脱しない限り、安泰なのだし、彼にとって貧困層は自分たちの理論を正当化するために欠かせないパーツである。

そんな大学で学んでも、自らの頭を使って自分の意見をつくり出せる可能性はゼロだろう。また、そんなアメリカの大学の教授たちが唱える学説にありがたがって耳を傾ける必要などまったくない。

日本人は日本という国の成り立ちをもう一度振り返り、自分たちの在り方を自分たち自身の頭で考える必要があるのではないだろうか。ともに、アメリカの共産主義再教育キャンプから脱走しようではないか！

第六章

憲法改正は「パンドラの箱」だ

計画的に洗脳された日本人

戦後日本において代表的な文芸評論家とされる江藤淳《じゅん》氏は、著書『閉ざされた言語空間―占領軍の検閲と戦後日本』（１９８９年・文藝春秋刊）で、太平洋戦争終結後、ＧＨＱは「ＷＧＩＰ」（War Guilt Information Program）に基づいて日本の占領統治を行ったと指摘している。日本語訳すれば、「戦争についての罪悪感を日本人の心に植えつけるための宣伝計画」だ。

江藤氏は１９７９年秋から１９８０年春にかけて、ワシントンに滞在して、メリーランド大学附属マッケルディン図書館やメリーランドのアメリカ国立公文書館分室などに通って調査を行い、同書を執筆しているが、第一章に次のように書き残している。

〈通説によれば、日本は敗戦・占領と同時に連合国から「言論の自由」を与えられたことになっている。しかし、当時の状況を逐一調べてみると、実際には降伏文書調印から二週間も経たないうちに、昭和二十年（一九四五）九月十四日午後五時二十九分を期して、まず同盟通信社が占領軍当局から二十四時間の業務停止を命じられた。そして、翌十五日正午、業務再開を許されたときには、「同社の通信は日本のみに限られ、同盟通信社内に駐在する米陸軍代表者によって百パーセントの検閲を受け」ることになっていた〉

ここに出てくる「同盟通信社」とは、1932年に外務省、陸軍省、参謀本部、海軍省、軍令部、内務省、逓信《ていしん》省、文部省によって設置された情報委員会を前身とする通信社で、国内外に通信網を張り巡らせていた。日本に乗り込んできたGHQはまずそれを抑えるべく、1945年9月14日には即時業務停止を命じた。そして翌日の正午には、業務停止は解除したものの、対外電信放送、海外の同盟特派員からのニュースを差し止め、社内には100%の検閲制度を設けたのである。それがアメリカによる日本人洗脳の第一歩だった。

江藤氏は、WGIPの冒頭に「CIS局長（著者注：民間諜報局局長）と、CI&E局長（同：民間情報教育局局長）、およびその代理者間の最近の会談にもとづき、民間情報教育局は、ここに同局が、日本人の心に国家の罪とその淵源に関する自覚を植えつける目的で、開始しかつこれまでに影響を及ぼして来た民間情報活動の概要を提出するものである」と書かれていることを指摘する。

GHQはその趣旨に基づいて、1945年12月8日から10回にわたって、「太平洋戦争史」というアメリカによるプロパガンダ記事を全国紙各紙に掲載させたのを皮切りに、ご丁寧にもプレスコードを敷き、ＧＨＱに対する批判や反論、検証などを禁じる言論統制を実施して、アメリカにとって都合のいい戦後史観を日本人に刷り込んでいった。

そのプレスコードがどんなものだったのか、江藤氏の著書『閉ざされた言語空間』から引用させていただく。

【ＧＨＱによるプレスコード】

①ＳＣＡＰ（連合国軍最高司令官もしくは総司令部）に対する批判
②極東国際軍事裁判批判
③ＧＨＱが日本国憲法を起草したことに対する批判
④検閲制度への言及
⑤アメリカ合衆国への批判
⑥ロシア（ソ連邦）への批判
⑦英国への批判
⑧朝鮮人への批判
⑨中国への批判
⑩その他の連合国への批判

⑪連合国一般への批判
⑫満州国における日本人取り扱いについての批判
⑬連合国の戦前の政策に対する批判
⑭第三次世界対戦への言及
⑮冷戦に対する言及
⑯戦争擁護の宣伝
⑰神国日本の宣伝
⑱軍国主義の宣伝
⑲ナショナリズムの宣伝
⑳大東亜共栄圏の宣伝
㉑その他の宣伝
㉒戦争犯罪人の正当化および擁護
㉓占領軍兵士と日本女性との交渉
㉔闇市の状況
㉕占領軍軍隊に対する批判
㉖飢餓の誇張

㉗暴力と不穏の行動の煽動《せんどう》
㉘虚偽の報道
㉙GHQまたは地方軍政部に対する不適切な言及
㉚解禁されていない報道の公表

これを見ると、アメリカが何を恐れ、何を日本国民の目から隠そうとしていたかが一目瞭然である。

江藤氏はそれについて、〈日本の「軍国主義者」と「国民」とを対立させようという意図が潜められ、この対立を仮構することによって、実際には日本と連合国、特に日本と米国とのあいだの戦いであった大戦を、現実には存在しなかった「軍国主義者」と「国民」とのあいだの戦いにすり替えようとする底意が秘められている〉と分析しているし、櫻井よしこ氏も著書『GHQ作成の情報操作書「眞相箱」の呪縛を解く―戦後日本人の歴史観はこうして歪められた』（小学館文庫）で詳しく検証している。

それ以外にも、GHQは日本人を洗脳、コントロールするために、着々と手を打っていった。代表的な例を列挙しておこう。

１９４５年10月22日▼日本教育制度に対する管理政策（連合国軍最高司令部より終戦連絡中央事務局経由日本帝国政府に対する覚書）

教育に関するＧＨＱの占領の目的および政策を充分に理解させるためとして、日本新政府に対して、次のような指令を発した。

①軍国主義的および極端な国家主義的イデオロギーの普及を禁止すること、軍事教育の学科および教練はすべて廃止すること。

②議会政治、国際平和、個人の権威の思想および集会、言論、信教の自由のごとき基本的人権の思想に合致する諸概念の教授および実践の確立を奨励すること。

③教師および教育関係官公吏をできるだけ迅速に取り調べ、あらゆる職業軍人ないし軍国主義、極端な国家主義の積極的な鼓吹者《こすいしゃ》および占領政策に対して積極的に反対する者は罷免《ひめん》させること。

④自由主義的あるいは反軍的言論あるいは行動をしたために解職、休職、辞職となっていた者の資格をただちに復活させ、優先的に復職させること。

⑤学生、教師、教育関係官公吏および一般民衆は連合軍占領の目的および政策、議会政治の理論および実践について知らしめること。

⑥軍国主義的指導者、その積極的協力者の演じたる役割ならびにその消極的黙認により

日本国民を戦争に陥れ、不可避的なる敗北と困窮と現在の悲惨なる状態とを結果せしめたる者の演じたる役割を知らしめるべきこと。

1945年10月30日▼教育および教育関係官の調査、除外、認可に関する件（連合国軍最高司令部より終戦連絡中央事務局経由日本帝国政府に対する覚書）

「軍国主義的思想、過激な国家主義的思想を持つ者として明らかに知られている者、連合国軍日本占領の目的および政策に対して反対の意見を持つ者として明らかに知られている者で、現在の日本の教育機構の中に職を奉じている者はすべて直ちに解職し、今後日本の教育機構の中でいかなる職にもつけてはならない」などとする指令などを発した。

その理由として、GHQは「日本の教育機構の中から、日本民族の敗北、戦争犯罪、苦痛、窮乏、現在の悲惨なる状態を招来させた軍国主義的、極端なる国家主義的諸影響を払《ふっ》拭《しょく》するために、そしてまた軍事的経験あるいは軍と密接なる関係ある教員並びに教育関係者を雇用することによって、右思想の影響継続の可能性を防止するため」という理屈をつけた。

1945年12月9日▼「眞相はかうだ」のラジオ放送開始

「眞相はかうだ」は、1945年12月9日から翌1946年2月10日まで、毎回30分、再放送を含め、計50回にわたってNHKラジオ第1放送と第2放送で放送された番組だ。その建前は、満州事変から終戦に至るまで軍国主義者の犯罪を白日の下に晒《さら》すというものだったが、脚本を担当したのはGHQの民間情報教育局のラジオ課だったのだから、〝アメリカの正義〟を前面に押し出したプロパガンダそのものであったことは言うまでもない。

GHQ制作であることは日本国民には知らされていなかった。だが、その内容に対して、放送直後からNHKには抗議や批判の声が殺到したという。それを知ったGHQは、1946年2月以降、「眞相箱」、「質問箱」などとタイトルを替えながら、1948年1月まで放送を続けていった。

1945年12月15日▼GHQが「神道指令」発令

正式には「国家神道《しんとう》、神社神道に対する政府の保証、支援、保全、監督並に弘布に関する件」という覚書による発令だったが、それによって、信教の自由の確立と軍国主義の排除、国家神道の廃止などを謳《うた》うと同時に、「大東亜戦争」や「八紘一宇《はっこういちう》」といった文言の使用禁止や、国家神道、軍国主義、過激なる国家主義を連想するとされる用語の使用も禁止されることとなった。

1945年12月31日▼日本教育制度に対する管理政策を実施（GHQ参謀副官第八号　民間情報教育部より終戦連絡中央事務局経由日本帝国政府宛覚書）

「日本政府が軍国主義的および極端な国家主義的観念を、ある種の教科書に執拗《しつよう》に織り込んで生徒に課し、その観念を生徒の頭脳に埋め込むために教育を利用した」として、覚書「修身、日本歴史及ビ地理停止ニ関スル件」を発して、修身・国史・地理の授業停止と教科書の回収、教科書の改訂を指令した。

1946年4月9日▼『太平洋戦争史』の代用教材化

新聞に連載された前述の「太平洋戦争史」は、１９４６年４月に高山書院から「聯合軍《れんごうぐん》総司令部民間情報教育局資料提供、中屋健弌訳」として刊行されていたが、文部省がＧＨＱの指令を受けて、国史教科書の代用教材として購入して利用するよう通達を出した。その結果、日本の子供たちは、アメリカが都合よくつくり上げた歴史に一方的に晒《さら》されることとなった。

1946年5月3日▼極東国際軍事裁判開始

私は、この極東国際軍事裁判（東京裁判）もまた、日本が自虐的な戦後史観を持つようになる大きなターニングポイントだと考えている。その理由を説明しよう。

日本人を「自虐」に走らせた東京裁判

そもそもアメリカは、１９４４年８月頃から日本の戦争犯罪人の取り扱いをどうするかについての議論を始めていた。同年12月には、対日政策を検討する機関として「国務・陸軍・海軍三省調整委員会」(State-War-Navy Coordinating Committee：ＳＷＮＣＣ)が設立され、その下に「極東省委員会」がつくられた。日本と朝鮮の占領政策をつくるための組織だった。

そして、１９４５年８月14日に日本がポツダム宣言を受け入れ、同年９月２日に東京湾上のアメリカ戦艦ミズーリで降伏文書に調印したのちの10月２日、国務・陸軍・海軍調整委員会はマッカーサーに対してＳＷＮＣＣ57／３指令を発した。日本における戦犯裁判所の設置を命じる指令だった。12月６日にはアメリカ代表検事ジョセフ・キーナンが来日すると、翌７日にはマッカーサーがキーナンに対して、軍事裁判の早期開廷と東条内閣閣僚の起訴を命じた。

１９４６年１月19日、マッカーサーは極東国際軍事裁判所（東京裁判）の設立に関する特別宣言を発した。この宣言は、アメリカ、イギリス、ソ連、中華民国の４国のみによって取り交わされた「日本政府に降伏条件を実施させるために連合国軍最高司令官（つまりマッカーサー）が一切の命令を行う」という取り決めに則《のっと》ったもので、国際法から見ても極めて異質なものだった。

極東国際軍事裁判が開廷したのは、１９４６年５月３日のことである。イギリス、アメリカ、中華民国、フランス、オランダ、ソ連。それにイギリス連邦内の自治領であったオーストラリア、ニュージーランド、カナダ、そして独立の途上にあったインドとフィリピンも判事を派遣した。

裁判では東条英機以下28人が裁かれることとなったが、その罪状もまた、「1928年1月1日から1945年9月2日にかけて、平和愛好諸国民の利益並びに日本国民自身の利益を毀損《きそん》した〝侵略戦争〟を引き起こす〝共同謀議〟を行ったことを理由に挙げ、平和に対する罪（A級犯罪）、人道に対する罪（C級犯罪）、そして通常の戦争犯罪（B級犯罪）の罪を問う」というまことに摩訶《まか》不思議なものだった。

従来、戦闘員や司令官、あるいは非戦闘員によってなされる、交戦規則を逸脱した個人的な犯罪行為を対象として罪を問う「戦争犯罪」という概念は存在していた。たとえば、戦闘員や司令官が禁止されている兵器を使用したり、捕虜を虐待したりすること、あるいは一般市民による敵対行為への参加も犯罪にあたる。またスパイ行為や、占領地などで行われる敵国のための情報提供や破壊行動などの戦時反逆行為、戦場で窃盗《せっとう》や略奪を行うこと（剽盗《ひょうとう》）もこれにあたり、それらの罪を犯した者を交戦国が捕らえたときは、死刑を含む刑罰を科することができるとされている。

しかし「平和に対する罪」などというものは第二次世界大戦が終わるまで存在しなかっ

た概念だし、「人道に対する犯罪」も概念的には存在していたものの国際法上確立されたものではなかった。それにもかかわらず、極東国際軍事裁判ではその2つの罪が問われることになった。そういう意味では、「平和に対する罪」も「人道に対する罪」も日本を裁くためにGHQがむりやりつくった「事後法」だった。

首席検察官を務めたキーナンは、1946年6月4日の冒頭陳述で、極東国際軍事裁判を「これは普通一般の裁判ではない」とした上で、「全世界を破滅から救うために文明の断乎たる闘争の一部を開始している。日本軍部は文明に対し宣戦を布告した」と述べた。「普通一般の裁判ではない」と口にした背景に、日本を事後法で裁くことに対するアメリカのうしろめたさがあったことは間違いないだろう。

また、キーナンは日露戦争にまで遡《さかのぼ》って「侵略戦争したのは国家でなく、個人である」と主張した。彼がそのように、ことさら「個人」によって侵略戦争が行われたと強調したのは、「戦争を起こしたのは一部の軍国主義者であり、日本国民には責任がない」とすることで、占領下における日本国民のGHQへの反発を恐れ、日本国民を洗脳する狙いがあったとも考えられよう。

それはさておき、裁判は1948年11月12日まで続けられ、裁判中に病死した2人と病気によって免訴された1名を除く25人に判決が下され、7人が死刑となった。ちなみに「平和に対する罪」で有罪になった被告人は23名、通常の戦争犯罪行為で有罪になった被告人は7名、人道に対する罪で起訴された被告人は1人もいなかった。

この極東軍事裁判について、インドの裁判官ラダ・ビノード・パール判事が、1235ページにもおよぶ「意見書」（パール判決書）を発表した。彼はその意見書の中で、事後法で裁くことはできないとすると同時に、「司法裁判所は政治的目的を達成するものであってはならない」とした。彼のように極東軍事裁判の結果に異議を唱える者も少数派ながらいた。しかし、日本国民自身は黙ってそれを受け入れた。

極東軍事裁判の模様は連日、新聞で大きく報道された。言うまでもなく、GHQの検閲を受けた一方的な報道だったが、かつての指導者たちが次々と裁かれていく光景はアメリカの絶対的な強さを示す衝撃的なものだったし、そうした報道による「戦争の責任は一部の軍国主義者によるものだ」という刷り込みは、明日をも知れぬ日々を過ごしていた日本国民には受け入れやすいものだった。

そして日本政府が1951年9月8日にアメリカとの間で、裁判の結果を受け入れ、異議を申し立てないという立場を示したサンフランシスコ平和条約に調印したとき、国民もまた、ほとんど反対することなくそれを受け入れた。アメリカによる日本の洗脳は着々と実を結んでいったのである。

日本憎しで日本の伝統を粉々にしたかったアメリカ

ここまで論じてきたように、個人権利主義の国アメリカが日本占領下で見せたのは、とにかく「日本の伝統」を壊そうとする姿勢だった。私が言う「日本の伝統」とは、長い歴史の中で築かれた伝統や文化であると同時に、そこに住む同胞や家族、さらには祖国への愛を意味する。

そうした愛を基本としている日本は、アジアに進出するにあたっても、西欧列強のような差別的な支配体制をとろうとはしなかった。むしろ、アジアの同胞として、西欧列強の支配から抜け出し、自ら発展するための道を歩むための協力を惜しまなかった。

たとえば「八紘一宇」という言葉がある。アメリカは、それが、国家神道、軍国主義、過激な国家主義を生んだとして公文書での使用を禁じた。その結果、今や日本でも軍国主義を象徴する言葉のように思われている。しかし、ほんとうにそうだろうか。

ウィキペディアによると、「八紘一宇」のもととなったのは、『日本書紀』に出てくる「上則答乾霊授国之徳、下則弘皇孫養正之心。然後、兼六合以開都、掩八紘而為宇、不亦可乎」という「令《りょう》」（いわゆる橿原奠都《かしはらてんと》の詔《みことのり》）だとある。

また、日本の初代天皇神武《じんむ》天皇を祀《まつ》っている橿原神宮のホームページには、こう書かれている。

〈神武天皇は、天照大神《あまてらすおおみかみ》が瓊瓊杵尊《ににぎのみこと》の御降臨の際に下された御言葉のように、民のために正しい政治を行い、やがて「八紘《あめのした》を掩《おお》いて宇《いえ》と為《せ》む」（天下を一つの家のように）との「天業恢弘《てんぎょうかいこう》」（高天原《たかまがはら》を地上に実現させ、広めること）の理想を実現なさるため、地理的にも政治的にも重要な位置にある大和国原の橿原の地でこそ、日本を統一して国家体制を築き上げられると確信なさったのです〉

〈神武天皇の「八紘一宇」の御勅令の真の意味は、天地四方八方の果てにいたるまで、この地球上に生存する全ての民族が、あたかも一軒の家に住むように仲良く暮らすこと、つまり世界平和の理想を掲げたものなのです。昭和天皇が歌に「天地の神にぞいのる朝なぎの海のごとくに波たたぬ世を」とお詠みになっていますが、この御心も「八紘一宇」の精神であります〉

私は日本に来て、そうした奥深い文化に触れる中で、日本がアジアに進出する過程において、本気で西欧列強に食い荒らされているアジアの国々を解放し、大きな家族のようなる世界をつくりたいと祈っていたのではないかと思うようになった。それは、言葉を替えるならば、〝愛〟を基軸とする文化だった。

実際、歴史的にも進出した国や地域に対して、日本が西欧列強のような一方的な搾取を行ったという事実はない。それどころか、たとえば朝鮮や台湾などに対しては膨大な投資をしてその国や地域のために公共事業を行っているし、学校をつくり等しく教育の機会も与えている。だから、その頃のことを知っている人たちは今も日本のことが大好きだ。

だが、個人権利主義を信奉するアメリカ人はそうした日本の文化がまったく理解できなかったし、〝愛情は敵〟だった。だから、GHQは占領下に置いた日本の伝統を徹底的に破壊しようとしたのである。ただし、日本をどうしたいという明確なビジョンを持っていたわけではなかった。

前述したように、そもそもアメリカが日本を太平洋戦争に引きずり込んだのは、アジアにおける権益を手に入れるのに邪魔だったからだ。日本は、アメリカのリベラルの津波に抵抗する防波堤の役目を果たしていた。アメリカはその防波堤を壊したかっただけである。だから、占領下に置いた日本の伝統をただただ破壊して、自分たちに歯向かわないようにすればそれで満足だったし、もうそれ以上日本をどうこうしようという考えもなかった。

そして、そんなアメリカの前に立ちはだかったのがソ連だった。

朝鮮戦争で馬脚を現したご都合主義

当然のことながら、世界には個人権利主義以外にもたくさんのイデオロギーが存在しているが、個人権利主義の最強の敵は集団主義である。その最たる存在が共産主義国家のソ連だった。

個人権利主義は特に目的を持たないと前述したが、共産主義をベースとする全体主義は明確な目的を持っている。彼らは、進むべき先には楽園が待っていると信じている。

個人権利主義も全体主義も伝統社会を否定し、崩壊させようとするエネルギーを持っている点ではまったく同じだ。だが、個人経済主義は伝統社会を破壊すればそれで満足するのに対して、共産主義は伝統社会を破壊したのち、次にはそこから解散された〝個人〟を窮屈な枠の中に囲い込んでいく。つまり、個人権利主義は伝統社会を壊したらそれで終わるが、共産主義に基づく集団主義はそこから始まるわけである。

そういう意味では、第二次世界大戦後、伝統という邪魔が十分に破壊されてから、アメリカとソ連は朝鮮戦争でぶつかり合うこととなったのは必然的なことだった。

1950年6月25日、金日成《キム・イルソン》率いる北朝鮮軍が、中華人民共和国の毛沢東とソ連のヨシフ・スターリンの同意と支援を受けて38度線を越えて韓国に侵入し、3年間にわたる戦いの火蓋《ひぶた》が切られた。当然アメリカは韓国軍を支援した。その結果、朝鮮半島は「個人権利主義vs全体主義の戦い」となった（言うまでもないが、日本支配下の朝鮮半島では、こういう戦争が起こり得るわけはまったくなかった）。

その事態に対して、アメリカは日本に警察予備隊の創設を命じた。1950年8月10日のことだ。アメリカの日本駐留部隊を朝鮮半島に出動させると日本における防衛兵力・治安維持兵力がなくなってしまう。そのため、マッカーサーは時の首相だった吉田茂に対して、「日本警察力の増強に関する書簡」を提示した。

日本に対して、憲法第9条を押し付けたアメリカが、それこそ舌の根も乾かぬうちに、日本に対して実質的な再軍備を命令したのである。まことにご都合主義というべきか、それこそここまで書いてきたように、日本国憲法がアメリカンイデオロギー信奉者による実験にすぎなかったということの証《あかし》である。

憲法第9条に潜むアメリカの憂鬱

今、憲法改正に反対する人の多くは、日本はアメリカという〝わりと善意の国〟に守られているると思って安心しているようだ。日本人に、そんなイメージを持たせたのはＷＧＩＰを周到に実施したアメリカ自身だし、日本に第９条を含む〝世界に類を見ない憲法〟を押し付けたのもアメリカだ。その結果、確かにアメリカは「日本を守らなければならない」ことになっている。

だが問題は、そのアメリカの善意がいつまで続くかということだ。憲法改正に反対している人たちは、アメリカが永遠に日本を守ってくれるとでも思っているかのようだ。しかし、アメリカは個人権利主義の国だ。自国の利益が最優先だから、いざとなったら手のひらを返すことに躊躇《ちゅうちょ》することはない。

東西冷戦がソ連と対立していたときは、確かにアメリカが不沈空母としての日本を守ることに意味もあった。しかし、ソ連が崩壊したのち、その必要性はどんどんなくなっている。その一方で、テロが世界的に拡散して、それに対応するのがたいへんな状態になっている。だから、オバマ大統領も「世界の警察官なんてやめる」と言い出したし、トランプ大統領に至っては「アメリカ・ファースト」を謳って、日本や韓国、ＮＡＴＯ（北大西洋条約機構）に対する軍事費負担の増額を迫っている。

そういう意味では、アメリカは今、日本に押し付けた憲法第９条の存在が疎《うと》ましくて仕方がなくなっている。そのうち、「憲法第９条があるから、自衛隊を海外に出せません」と言う日本に対して、「それじゃあ、同盟国とは言えないでしょう」と迫ってくることは必至だろう。実際、「日本は戦後、自国の防衛をアメリカに委ねたおかげで経済発展した。なんともずるい国だ」という論調も出てきている。「そんなわがままを言うなら、もうアメリカは日本を守りません」と言い出しても不思議ではない。

そのとき、日本はどうするのか。

そういう意味では、私は今、日本で憲法改正を論議することすら拒否している人が少なからずいる現状が不思議でならない。太平洋戦争が終わって70年以上が過ぎ、アメリカを頂点とした秩序が音を立てて崩れつつある今、自分だけは「平和憲法を守ります」と言い続けることは、どう考えても不可能だ。憲法第9条を金科玉条としていると、日本は滅びの道を歩むことになってしまうのは間違いないだろう。実際、現在の東アジアの情勢を見ても、決して安閑としてはいられないことは明らかだ。

ナイスではない日本のネイバーフッド

日本のネイバーフッド（neighborhood：近隣国の状況）は決してナイスではない。日本という、ちゃんと整理整頓が行われている綺麗な屋敷があるが、その周りの住宅はまだまだガタガタのままだ。そこに住む人たちは、綺麗な屋敷が羨《うらや》ましくて、それをなんとか壊したいと思っている。

韓国という家は持ち主がコロコロと代わるし、変人ばかりで自分の家を自分で壊そうとする動きを頻繁に見せており、とても頼りになりそうなご近所さんではない。

北朝鮮という家の家主はただのチンピラだ。日本という屋敷に入ってきて平和に住んでいた人を奪って連れ去るなどというとんでもない犯罪をやったし、家族が飢えることなどお構いなしで武器をつくってご近所さんを脅しているばかりである。もはや家というより、お化け屋敷（悪夢の一戸建て）にすぎない。

驚くべきなのは、もっとひどいご近所さんがいるということだ。それは中国だ。

中国はチンピラのギャングなどではない。強固な組織を持ち、計画を持ち、強いイデオロギーを持っている。その家は日本の屋敷に匹敵するほどになっているが、なにより問題なのは、そこに住む人々が〝傷ついたプライド〟を持っているということだ。

彼らは日本の屋敷をひどく羨む一方で、日本の屋敷も自分のものだと激しく勘違いしていて、「いつかは自分のものにしてやる」という野望を抱いている。そういう意味では最も危険な隣人だ。

そんな隣人たちに囲まれているにもかかわらず、日本の屋敷は実に無防備だ。扉がすべて開いていて、誰でも入れる状態である。

今のところ、太平洋の反対側の遠い国からきた人々が、大きな銃を持って扉の前に立ち、とりあえず、わりと優しい番犬の役割を果たしてくれている。でも、その番犬はいつまでいてくれるかはわからない。いつ飼い主に呼ばれて、海の向こうの自分の家に帰ってしまうかもしれない。そうなれば、屋敷はたちまち大きな危険に晒されることになってしまうだろう。現行の日本国憲法の下では、日本という屋敷は扉のない屋敷になっているということである。

それが日本の現実だ。アメリカ軍が自国に帰って消えてしまったら、日本という国はたちまち危険に晒されることになってしまうのだ。

日本人は日本国憲法を恥じるべきだ

皆さんから反論されることを覚悟の上で、私は、メイド・イン・アメリカの現行の日本国憲法は恥ずべきものであり、日本人は自らの手で新たな憲法をつくるべきだと考えている。具体的にどういう憲法にすべきだなどとおこがましいことを言うつもりはさらさらない。アメリカ人である私にはそんな資格はないし、なにより日本人自身の問題だ。

しかし、これだけは言える。アメリカに押し付けられた憲法を70年以上にわたって、一字たりとも変えていないのは、世界中探しても日本ぐらいのものである。世界秩序が大きく改編されようとしている今、これまでのように解釈論でその場しのぎをしていては未来を築いていくことができないのではないだろうか。その意味でも、日本の憲法の在り方について、徹底的に議論すべき時期を迎えていると思うのだ。

また、憲法を議論するにあたっては、もっと自然法に近いものであるべきだと考えている。自然法とは、実定法に優先して存在し、それを拘束する永遠普遍の法のこととされるが、それはそれぞれの国の歴史や宗教を含む文化の中で培われてきた価値観に基づくものであり、その大前提は、人間の法律と神様の法律との間に一貫性や関連性があるということだ。

ここでいう神様とは、特定の神ではない。それぞれの国が長い歴史の中で信じてきた神のことだ。たとえば、私はカトリック教徒だから、人間は創造主によって無からつくられたと思っているが、人間の書く法律は、創造主の永遠なる掟《おきて》に基づくべきだと考えている。つまり、人間としてつくられたことに深い意味を感じ、創造主の御心《みこころ》を少しだけでも推測した上で、それを法律に反映すべきだと思うのだ。

しかし今、世界はそれとはまったく別の方向に進んでいる。いわゆる〝科学的で進歩的なイデオロギー〟が世界を跋扈《ばっこ》して、たとえば経済はIT技術を基盤としたグローバル資本主義一色となっている。そして現代国家のバーチャル化は恐ろしいほどの速度で進み、人間らしさはゼロになっている。

自然法から考えても、伝統から考えても、あるいは常識から考えても、そもそも国の主体者は人間であるはずだ。だが、アメリカンイデオロギーに支配されているアメリカは、もはや人間不在の国家主義の国になっている。

そして神との対話を忘れたアメリカでは、グローバル資本によって国民に巧みに刷り込まれた国家主義が、みごとなほど世俗的な宗教となっているのだ。

すばらしい国の象徴としての天皇像

かたや日本には、天皇陛下という存在がいらっしゃる。天皇陛下は、西洋の皇帝や王ではない。中国の皇帝ともまったく違う。国の象徴だと言われているが、私はその意味が十分に理解されていないと思う。

天皇陛下は決して〝国家〟の象徴ではない。天皇陛下は〝国〟の象徴であり、そしてまた〝国のこころ〟でもあると思う。日本に住む人々は、天皇陛下の御元で1つの国として成り立っている。天皇陛下がいらっしゃらなければ、日本という国の存在が虚しいものになるだろう。

その意味で、私は天皇陛下こそ日本の自然法の根幹をなす存在だと考えている。天皇陛下は日本国民との深い関係をつくることができる。たとえば天皇陛下がお話しになるとき、その声を聴いて、陛下のお考えを理解することができる。また、天皇陛下が描かれた絵や詠まれた歌に触れることで、天皇陛下のおこころを知ることもできるだろう。

それがいかに日本を日本たらしめているか、天皇のいない国アメリカに生まれた私にはよくわかる。

また、自由主義にはどうにも解決できないパラドックスがある。それは、自由のために軸を捨てて、そして軸のないことが招く無秩序の状態を超克《ちょうこく》するために、自由を束縛する政府のパワーを拝むしかないということだ。

しかし日本は違う。天皇陛下という確たる軸のある国は、行きすぎた自由主義や個人主義を捨てれば捨てるほど安定する。私は、そのことに少しでも早く気づいてほしいと思っている。

日本人は天皇がいることを当たり前に感じているが、アメリカ人の私にはほんとうに羨ましい限りだ。

歴史戦に負けてはならない

現在、日本は戦争の真っただ中にいる。そう言うと、平和国家・日本はどことも戦争なんてしていないと反論されそうだが、ここで私が言う戦争とは「情報戦」のことであり、その大きな部分をいわゆる歴史戦が占めている。ところが、国民の多くは、「また反日か」と軽く考えてさほど気にしていない。それは非常に危険なことだ。日本はこの戦争に本気で取り組んでいかなければ、ますます国益を失っていくことになるだろう。

つい最近も、アメリカ・サンフランシスコのセント・メリーズ公園の展示スペースで慰安婦像の除幕式が行われた。この像は中国系アメリカ人が結成した「慰安婦正義連合」が主導し、韓国系団体なども協力する形でつくられたもので、産経新聞（２０１７年9月22日付）によると、除幕式には駐サンフランシスコ中国総領事や韓国から訪米した元慰安婦、米連邦下院で慰安婦問題での日本非難決議を主導したマイク・ホンダ前議員なども参加したという。それに対し、60年にわたってサンフランシスコとの姉妹都市関係を結んでいた大阪市の吉村洋文市長は、11月24日に正式に姉妹都市関係の解消を表明したが、これまで「正しい歴史を以《もっ》てすれば、いずれは根も葉もない反日論に勝てるだろう」と高を括《くく》っていた日本人も、それだけではとても勝てないことがわかってきたのではないだろうか。

ところで、こうした歴史戦において、アメリカでは大学の教授たちが中心的役割を担っていることは前述したが、今のアメリカの大学はプロパガンダの場＝洗脳の場と化していることを改めて指摘しておきたい。過激な左翼の意見以外は許されないところがほとんどで、教授たちは、アメリカ国民の税金を食いしん坊のように飲み込んで、アメリカを中国、韓国などに売っている。その姿はまさにイデオロギーを金儲けのネタにした詐欺師である。いくら正しい歴史を研究して、その成果を本にして出版しても、それが学生に届かない。教授たちは、中国や韓国の工作員と呼んだほうがいいほどで、まともな本を学生に読ませない。そんな状況下でどう戦うべきか。

歴史戦、情報戦において、正しい歴史、正しい情報がとても大事であることは認めるが、それだけでは対抗できない。特に中国は情報戦を戦争の一部として捉えているので、こちらも情報戦＝戦争だと認識してきちんと対処していくことが必要だろう。

自己矛盾している憲法第9条論議

先日、井沢元彦氏の講演を聞きにいった。とても面白かった。

井沢氏によると、「神風特別攻撃隊の名は、〝神々からの風に感謝する〟ということで名づけられたということになっている。だが実は、その当時のエリートたちは戦場に向かう兵士を軽視していた。だから、国が兵士たちの命で守られているという事実を認めづらくて、〝神々の技〟にした」ということだった。

また、その話の延長線として、「今、憲法第9条を守れ、と叫んでいる現在の左翼は、昔のエリートと同じく、兵士、武力を軽視している。だから、魔法的な憲法第9条が国を守って頂いているかのように勘違いしている」と話していた。とても斬新な説であるし、私は目からウロコの思いだった。

政治的な意味で使う「左翼」と「右翼」という概念は、実はフランス革命のときから誕生したものである。当時、政治に関心のある人々が集まったとき、左側に座っている集団がラディカルで、右に座る集団が保守的だったそうだ。そこから政治の「レフト」と「ライト」が始まったと言われている。

それはさておき、フランス革命当時も現在も、左翼の特徴の1つは、「人間がこの世の中でも完璧になれる」と強く信じていることだ。

それはもはや信仰といっていいほどで、完璧になれない証拠が山ほどあり、完璧になれる証拠が1つもないのに、「しっかり教育さえすれば、人間はもれなく完璧な市民になってくれる。いわゆる敵でも、ダメなことをほんとうにやりたいわけはなく、ただ教育が足りないからダメなことをやってしまうのだ」と信じ切っている。

たとえば、彼らは「金正恩《キム・ジョンウン》という北朝鮮の独裁者は、日本を攻撃したくはない。頻繁にミサイルを発射していても、それは金正恩のせいではなくて、金正恩の教育不足のせいだ」などとよく言う。つまり、人間が明らかに未だに完璧になっていないことを、人間のせいではなく、ある制度や組織のせいにしがちなのだ。

逆に、平和、福祉、平等が充実しているときに、それをも人間の努力によって存在していると思わず、制度や組織の恩恵によって存在していると主張する。

たとえばアメリカのリベラルは、アメリカの「医療制度」などについて議論する際、アメリカの患者さんたちを手当てしているのは、実際に存在しているお医者さん、看護師さんなどではなくて、ある抽象的な「制度」、または「組織」だと主張する。なぜか……。

それは左翼がすぐ集団主義的になってしまうということにポイントがある。左翼は常に「権利」と「自由」を唱えているが、その「権利」と「自由」は最も大きな集団の一番強い力(絶対権力)によって保たれる。その絶対的権力を綺麗事で「民主主義」と呼び、その制度(民主主義も制度、組織である)に魔法的なパワーがあると信じているのだ。

しかしそこには大きな矛盾がある。左翼の考え方でいけば、絶対的権力を持つ金正恩が支配する北朝鮮は、まさに「権利」と「自由」が保たれる国家であるべきだ。あるいは中国だって、国民が「権利」と「自由」を謳歌《おうか》できる国であって然るべきだろう。しかし、そうはなっていない。

そう言うと、今度は「制度と組織がダメなんだ」と言うかもしれない。しかし、彼らが望んでいるのは、民主主義という仮面をつけた制度と組織が、絶対的な力を持って権力を振るい、それによって国がうまく運営されることだ。

しかし、左翼の「制度」「組織」は、実は人間の意志によって動くものである。人間が制度、組織をつくって、それを駆使するわけだから、人間の役割はどうしても避けられないはずである。つまり、「人間を排除した、すべてを完璧に実現する絶対的な制度や組織などあり得ない」ということだ。そんなことは一目瞭然《いちもくりょうぜん》ではないか。

私は、この左翼の理論と日本の憲法第9条論議には相通じるところがあると思う。

日本という国は、憲法第9条によって守られているわけではない。

井沢氏が指摘したように、昔のエリートは、国を守ってくれた兵士たちに感謝をすることが精神的につらかったから、兵士たちが命を懸《か》けて戦った結果を「神々の技」だと誤魔化して、命を散らしていったツワモノの役割を否定した。

そして今の自称エリートたちも、まったく同じで、日本国の平和を守ってくれているツワモノたちの存在を軽視している。

実際に日本の平和を守っているのは、自衛隊であり、日本に駐留している米軍である。たとえば、中国海軍が日本の領海に侵入して日本の漁船に体当たりしようとしたとき、現場に急行して日本の漁船と漁師さんを守るのは、自衛隊の隊員たちである。決して憲法第9条などではない。だいたい憲法9条が船に乗って漁師を救う姿など想像するだけでもお笑いものだ。「憲法第9条が日本の平和を守っている」などという言葉がいかに空虚なものかわかるだろう。

それにもかかわらず、日本の自称エリートたちは、自衛隊の貢献を認めたくないので、自衛隊の日々の努力の実りを、抽象的な「憲法第9条」というエイドス（プラトン哲学でいう、時空を超越した非物体的、絶対的な永遠の実在）に感謝している。ちなみに、とても皮肉なことだが、「信仰と政府を分裂させせろ」といつも叫んでいる左翼は、自分自身が最も熱心に宗教を信じているのだが、それにさえ気づかない。面白くて悲しいことである。

日本でもアメリカでも、自称エリートは公の場では、「下級の労働者、無産階級、ウォーキング・プアーなどの味方だ」と自慢している。日本の自称エリートは、自衛隊の隊員を上から目線で見ていて「目を覚ませ」などと偉そうに言い、彼らの努力で国が守られているということを一切認めようとしない。その姿は、アメリカの自称エリートたちが、貧しい家庭から出て軍隊に入る兵士たちをバカにしているのとまったく変わらない。

フェイクカントリーの「韓国」

韓国の朴槿恵《パク・クネ》大統領が弾劾《だんがい》され、逮捕される過程を見たら、韓国のイメージがだいぶ変わってきた。私は韓国の慶尚北道英陽郡《キョンサンプクトヨンヤング》の小さな村に英語教師として1年間滞在していたこともあって、どちらかというと韓国が好きだし、村の人々、景色、食べ物などがとてもいいと今も思っている。しかし、朴槿恵大統領の弾劾騒ぎから文在寅《ムン・ジェイン》大統領の誕生、そしてその後の彼の発言を見ていると、韓国という国は残念ながらフェイクカントリーだとしか言いようがない。

韓国は、アメリカがソ連と中国と争ってつくった国だ。アメリカがなければ、韓国は誕生しなかった。その前にもちろん、日本が苦労して朝鮮半島を中国、ロシアから守り、発展させることに成功していた。

そしてまた、今現在、アメリカと日本がいなければ、韓国は1日も存在できないことを韓国人自身も十分に承知しているし、「日本とアメリカ=同盟国、韓国とアメリカ=同盟国」というトライアングルの関係がなければ常に危険に晒されることになることも認識している。

しかし、こと日本との関係になると、韓国政府は事あるごとに「反日」を持ち出してくる。また、実は韓国内では「反米」の動きも強まっている。近年も、2015年4月に、ソウルで、「アメリカ軍の駐留の終結、同軍の即時撤退」を求める大規模なデモが起きたし、その後もたびたび反米デモが繰り返されている。

たまたま私が韓国にいたときも、ソウルはデモの響きがうるさいほど近かった。そのときに思ったのは、アメリカの左翼のように、韓国の反米、反日団体（今や韓国という国の実態そのものが反米、反日団体と言ってもおかしくないが）は、理性、論理を使って問題を解決するのではなく、感情、暴力、威嚇、無秩序、単なるカオスに依存して行動しているということだった。左翼の「慈悲」という仮面の後ろには、ソウルで目撃した「怒り」「憎しみ」「嫉妬」というほんとうの顔がよく見えた。

そのデモの姿は、まるで、反日プロパガンダ、反米プロパガンダの中毒になっているかのようであるし、それで自己満足しているようにも見える。

それを見ているうちに、私自身、「もうどうでもいい」と思うようになってきた。

それは私のように日本や韓国で暮らしたことのあるアメリカ人だけではなく、日本や韓国に行ったことのないアメリカ人の多くも同じだろう。多くのアメリカ人が、最近では「もう韓国は好きにすれば」と思っている。残念ながら愛想が尽きたということだ。

私の祖父は前述したように朝鮮戦争にも参加した。彼は海軍で、もっぱら船で働いていたので命は助かったが、友人の中には朝鮮半島での戦いで命を落とした人もいると聞いた。祖父たちは、韓国を守るためにソ連、北朝鮮、中国などの共産主義の悪魔と命を懸けて戦ったわけだが、まさか、その韓国人が敵側に回ろうとは思ってもいなかったに違いない。乱暴な言い方かもしれないが、私が「そんなにいつまでも反日・反米というなら勝手にしろ！」という気持ちになっても仕方がないだろう。

そういう意味では、日本は「韓国はいつかまた、中国の属国に戻る」と覚悟したほうがいいと思う。今の文大統領の姿勢を見ている限り、速やかにそうなるだろう。これからは韓国自身が自分の運命を選べばいいのだ。ただし、どんな選択をしようと、日本やアメリカの軍隊を巻き込むことはやめていただきたい。

そして日本とアメリカは、韓国を放置する代わりに、インド、台湾、シンガポール、フィリピン、ベトナム、タイなどの国々との関係を強化したほうがいい。ただし、それらの国々にアメリカ軍基地を置くというモデルはもう古い。周りの国々との関係を丁寧に築き、1つずつ強める方法というのが一番いいし、それが中国の膨張を抑えることになると思うのだ。とにかく、アメリカ人は韓国はもうすでにアメリカの同盟国ではなくなっていると感じている。日米はその現実を認めて前へ進むべきだと思う。

バカバカしい慰安婦像

それにしても、慰安婦像で反日を続けている韓国の姿は情けないものだが、ある意味、それも仕方のないことなのかもしれない。

グローバル資本が勝者として君臨している今、韓国は経済的に行き詰まり、グローバル資本の下に位置する階層に追い込まれている。グローバル資本がウィナーだとすると、韓国はルーザー（敗者）の立場だ。その中で韓国はうまく犠牲者を演ずることで自分の立場を強くしようとしているとしか思えない。

私の想像では、韓国がルーザーを演じることを決めたのは、ちょうど20年前の金融危機の頃だったのではないだろうか。

１９９７年12月、韓国は機関投資家による通貨の空売りによって引き起こされたアジア各国の急激な通貨下落（通貨危機）でデフォルト寸前まで追い込まれ、国際通貨基金（ＩＭＦ）からの資金援助を受けてＩＭＦの管理下に入ることを余儀なくされた。

私は、韓国社会の一部はそのときに、「もうグローバル資本とは戦えない。だったら競争はやめて、ルーザーの演技をしよう」と決めたのではないかと思うのだ。そして、それはかなり成功して、競争相手の日本を貶《おとし》めることに成功した。

慰安婦像は韓国にとって、とっておきの切り札に思えたのかもしれない。ルーザーという通貨はどこでも使える通貨で、慰安婦像はつくればつくるほど自分の立場が強くなると勘違いしているのだ。だから、今後も韓国はルーザーの演技を続けていくし、これからもっと激しくなると思う。

しかし、国際社会は「韓国はかわいそうだな」なんて思っていない。彼らが声を上げれば上げるほど、「なんだか邪魔だな。なぜ、この人たちは過去のできごとに対する文句を関係のない私たちの国に持ち込んでくるんだ。失礼な話じゃないか」と感じるようになっている。

確かにインターネットをはじめとする一部のメディアでは、慰安婦像を立てるたびに話題になっている。しかしそれに賛同する人は少数派だ。インターネット社会における、ノイジー・マイノリティ（声だけでかい少数者）の弊害が指摘されるようになっているが、ある意味でその最たるものだと言っていいだろう。ところが反日を声高に叫ぶ人たちはそのことに気づいていない。もはや逆効果でしかなくなりつつあるのだが、自己満足というか、自分たちが成功していると錯覚しているのだ。

世界に広がる反日と、日本はどう戦うか

それにしても、日本は世界に広がる反日とどう戦っていけばいいのだろうか。それを考えるにあたって、2017年に国家基本問題研究所から、「第4回　国基研　日本研究賞」を受けたマイアミ大学教授のジューン・トーフル・ドレイヤー女史の視点がとても参考になる。

受賞対象となったのは『中華帝国と旭日帝国』（オックスフォード大学出版）だが、中国と日本の関係を、歴史的視点でゼロから書いた本である。その彼女は、欧米での日中関係を巡る視点について「中国側の主張に支配されている」「状況は今も昔も変わらない。日本は『軍国主義を目指し、第二次大戦の反省がない』との偏った主張が蔓延《まんえん》している」と分析する。

私もその本を読んだが、まず思ったのは、「中国は実に嘘《うそ》が上手だ」ということだった。涼しい顔で嘘をつくし、犠牲者の演技もうまい。また、日本人が同情心に篤《あつ》いことをよくわかっていて、それをうまく使っていると気づかされた。

日本は戦後、計算したら何兆円も中国にあげている。それにもかかわらず、賠償金とし

てもっとお金を出せと迫ってくる。

でも歴史的に見ると、日本が戦ったのは蔣介石である。今の中華人民共和国とは戦っていない。面白いことに、戦争をしたことのない国が涼しい顔をして賠償金を寄こせと言っているのだ。

その一方で、中国政府は大躍進政策と文化大革命で、自国民に計り知れない犠牲を強いてきた。1960年の前後3年間に、2000万人から4000万人もの餓死者が出たとされているし、多くの文化人がブルジョアだと目の敵《かたき》にされて拷問され、殺されたのも事実である。

また、1989年には天安門《てんあんもん》事件も起きている。民主化を求めて集結していた学生や一般市民に対して、中国人民解放軍が無差別に発砲し、装甲車で轢《ひ》き殺した。その被害者は1000人とも30000人とも言われるが、中国政府は未だに大虐殺の事実を否定し、死者数も明らかにしていない。

当然、中国の中では共産党政府に対する不満が根深くくすぶっている。それを力で抑え込んでいるというのが中国の現状だが、反日もそのためのツールとして使われている。

私が中国に滞在していたときに感じたのは、多くの市民にとって嘘をつくのがまるで当たり前のようになっていることだった。

ある日、私は日本からの女性留学生も含めたグループで買い物に行ったのだが、彼女が中国語で「リンゴをください」と言うと、中国人娘だと思ったのだろう。「2元だ」と答え、その値段で買うことができた。ところが、私が値段を聞くと、ニコニコしながら100元以上の値段を口にしたのだ。言うまでなく、私の顔はどこから見ても西洋人だ。その中国人は、「どうせこいつは西洋人だからわからないだろう。とりあえず、ふっかけてみよう。それでカネになったらラッキーだ」とでも考えたのだろうが、日本では絶対に考えられないことだった。

また、タクシーに乗ってこちらが注意しないと、いつまでも同じところをグルグル回るなんてこともしょっちゅうだった。私はそれが中国人の民族性かと思って、ある中国の友だちに聞いたところ、「その発想は、西洋人、日本人も含めて、帝国主義者に対しては抵抗することが国民の義務であると刷り込まれていることから生じている」と教えられた。まさに、国策としてのボッタクリだったのだ。

また同じく、私が通っていた大学の寮の前には、ある女性と彼女の娘が常にいた。女性は屋台から焼き卵のクレープのような食べ物をつくって売っていた。とても美味《おい》しくて安かったので、よく買って食べていた。その女性も娘も、顔などがかなり汚くて、もしかしたら、その娘（5歳か6歳に見えたが）は幼稚園、学校へ行かず、お母さんと路上で暮ららしているかと悲しく思っていた。

実は、その娘がよく私たち留学生のところに来て、「お金ちょうだい」と物乞《ものご》いをしていた。私たちはかわいそうに思い、その可愛い娘に小銭を上げていたが、ある日、同じ娘が通り過ぎる中国人に「お金ください」と声をかけたら、その中国人が、「西洋人に物乞いしなさい。彼らはきっとあんたに何かをくれるから」と返事をした。私はそれを聞いて強い憤りを感じた。

彼らが私たちを帝国主義者だと思っていることはしょうがない。しかし、子供に対して、「帝国主義者からお金を貰いなさい」というのはどういうことだと――。

それは中国が抱えているまことに残酷な矛盾であり、まさに共産主義下の中国を完璧に形容するエピソードだった。

彼らが西洋人と言って憎んでいるのは私たち白人だけではない。その中には日本人も含まれる。そして中国で一番嫌われている存在は、日本であり、日本人だ。彼らはそう仕向けたのは中国共産党政府だ。

中国政府による反日刷り込みは熾烈《しれつ》を極めている。反米刷り込みの比ではない。テレビをつければ、とにかく日本人は角が生えた悪魔だとする映画ばかりが流されている。反日ドラマをつくるために撮影隊もあるそうだ。その一方で、メディアを徹底的に統制し、たとえばインターネットに政府にとって都合の悪い情報が出てくると、あっという間に遮断して、国民の目に触れないようにする。この状態が続く限り、中国の反日が収まることはないだろう。

ところで、中国の今後について、共産党一党支配はそう長くは続かないだろうという人が多い。私もそう思っていた。だが、まだまだ壊れそうにない。香港がイギリスから返還されたとき、香港の影響で中国人がやっと自由を味わって、ついに一揆《いっき》を起こすかもしれないと思ったが、逆に共産党政府の締め付けが厳しくなって状況は悪化し、グローバル資本の支店になってしまった。まだしばらくは中国の共産党支配は続くだろう。その意味では、これからも日本の憂鬱《ゆううつ》は続きそうだが、それに対抗するには、日本がもっと国際社会に出ていき、日本という国を正しくアピールしていくしかないだろう。

そのためには、安倍首相にはますますがんばってもらいたいところである。

安倍首相の外交政策に期待する

安倍首相は、2017年10月23日の衆議院選で圧勝して第4次安倍内閣を発足させた。2012年12月26日に第2次安倍内閣を発足して以来の長期政権である。その中で安倍首相は積極的な外交を進めている。

外国首脳の中でトランプ大統領と初めて会見したのも安倍首相だったし、それ以来、密接に連絡を取り合っている。

それに対して、日本のメディアやいわゆるリベラル派からは「アメリカにすりよっている」とか「トランプをヨイショしすぎだ」などという声も上がっているようだが、私は今、日本が置かれている国際状況の中では、これが最善の道ではないかと思っている。

なぜなら、トランプという大統領は、私がここまで述べてきたようなアメリカのリベラル派に操られている大統領ではないからだ。

前述したように、ルーズベルト大統領以降、アメリカはリベラル派によって大きく変わってきた。トランプと大統領の座を争ったヒラリー・クリントンも典型的なリベラル派だった。そしてリベラル派が支配する大手メディアはこぞってヒラリーを応援し、トランプを潰そうとした。日本のメディアは最後の最後までヒラリー有利と報じていたが、それはアメリカメディアの報道を鵜呑《うの》みにしていたからにすぎない。

しかし、結果はトランプの勝利に終わった。いったいなぜか。言うまでなく、アメリカ国民の多くが、「アメリカ・ファースト」と「強いアメリカを復活させる」と訴えるトランプを支持したからである。このトランプのアメリカ・ファーストは、リベラル派が推進するグローバル資本主義とは真っ向から対立するものだった。貧富の差が拡大し、アメリカという国家の崩壊を前にしたアメリカ国民は、アンチ・リベラルを掲げるトランプに軍配を上げたのだ。

メディアは「トランプは貧民層にウケのいいことを言って勝利した。その後、アメリカをどう導こうとしているのかまったく見えてこない」と批判する。確かにトランプが労働者階級に雇用の拡大や自国優先の政策を訴えて勝利したのは事実だ。

だが考えてみれば、これまでリベラル派によって支配されてきた政府や議会をトランプ流に変えていくことは、そうたやすいことではない。それは、アメリカという国を支える理念をつくり変える作業であり、アメリカを頂点とした戦後の世界秩序の再編成にもつながる試みでもあるからだ。

トランプの支持率は決して高いものではない。しかし、アメリカ国民の中に、そんなトランプを支持する層は確実に存在している。それはアメリカの崩壊を目指したリベラルに対して、国家を自分たちの手に取り戻そうとする動きが大きくなりつつある証でもある。

一方、日本にしてみれば、そんなアメリカと向き合っていくチャンスがやってきたということだ。これまで日本はアメリカからのリベラルの波に抗《あらが》いながら、完全に飲み込まれずになんとかやってきたが、日本がもっと日本らしく成長していくには、国際社会の中でさらに日本らしさを表に出していく必要がある。その際、アメリカのトランプ大統領と、日本の安倍首相がパートナーシップをもって協調していくことは、それぞれの国にとってプラスである。

たとえば、日本メディアはアメリカがＴＰＰから離脱したといって大騒ぎしたが、それならそれでアメリカと一対一の交渉を進めればいいだけだ。また中国のアジアインフラ投資銀行（ＡＩＩＢ：Asian Infrastructure Investment Bank）の設立や、それとともに進められている「一帯一路構想」に戦々恐々としているが、それも場面場面で対処していけばいいだけだし、近隣のアジア諸国とも、個々に信頼をベースにした関係を築いていけばいいだけのことである。

そういう意味では各国との外交を積極的に進める安倍首相の動きは、これから構築していかなければならない「世界の新秩序」を正しい方向に導く上で非常に大切な役割を果たすことになると、私は思っている。

「妖精の国」からの脱却を目指そう

太平洋戦争が終わったとき、マッカーサーをはじめとするアメリカ兵は、ひどく怯《おび》えながら厚木基地に降り立った。つい先日まで、自分たちと死闘を繰り返していた日本兵の勇猛果敢な戦いぶりは、アメリカ兵たちの脳裏に強く刻まれていた。だから、ほんとうに恐《こわ》かったに違いない。

ましてや、自分たちは日本を無差別爆撃して非戦闘員の家を焼き、原爆まで投下していた。当然、罵声《ばせい》を浴びせられ、石礫《いしつぶて》を投げつけられることを覚悟していたし、いつどこで命を狙われても不思議ではなかった。だが日本人の反応は違った。「堪え難きを堪え、忍び難きを忍び」と天皇が言ったとたん、日本人はアメリカ兵をホスピタリティーをもって温かく迎えた。アメリカ兵が想像していたものとはまったく異なっていたのだ。

そしてアメリカは、日本の占領を開始した。そのときアメリカは、日本を自分たちの望む「妖精《ようせい》の国」にしようとした。いったいどういうことか。

かつて欧米人は、天皇（エンペラー）の日本に対してある種の憧れを抱いていた。いわゆるジャポネズリー、あるいはジャポニズムと呼ばれる〝日本趣味〟がその典型だった。嘉永《かえい》年間の黒船来航後、日本の浮世絵をはじめとする数多くの美術品が、欧米に持ち出され、あっという間に大人気になって大きな影響を与えた。たとえば、フランスの画家クロード・モネの着物を着た少女の絵『ラ・ジャポネーズ』は有名だし、エドゥアール・マネの『エミール・ゾラの肖像』には浮世絵が描きこまれている。また、オランダの画家ファン・ゴッホは『名所江戸百景』を模写していたし、浮世絵版画を収集していたことでも知られている。

文学の世界で大きな役割を果たしたのは小泉八雲《やくも》だろう。彼の父はイギリス人、母はギリシア人だったが、アメリカに渡って新聞記者を務めた後、1890年に来日して島根県松江中学の英語教師となった。そして同年、小泉セツと結婚して日本に帰化、『知られざる日本の面影』『心』『仏の畑の落穂』などの紀行文や『怪談』などの小説を書き、日本を欧米に紹介した。

そうした日本の文化は欧米の人々にとって非常に新鮮なものだったが、そのとき日本に対して抱いたのは、繊細でどちらかと言えば女性的な〝妖精の国〟というイメージだった。

実際、幕末から明治にかけて来日した外国人の多くが、日本を表現するにあたって、「妖精」というフレーズをしばしば用いている。

たとえば、日本研究家のバジル・ホール・チェンバレン（東京帝国大学名誉教授）は、「古い日本は妖精の住む小さくて可愛らしい不思議の国であった」と書き残しているし、イギリスの詩人エドウィン・アーノルドは、日本の庭園を「妖精じみている」と表現している。また、ナショナルジオグラフィック協会初の女性理事となったエリザ・シドモアはしばしば日本を訪れたが、次のように書き残している。

〈日本人の日常生活は芝居じみていて、舞台用の美術・装飾的小道具があふれ、とてもまじめな現実のものとは思えない。道路も店も芝居のセットのようで、丹念に考えられた場面と細心に配置された人の群れからなっている〉

欧米人にとって、日本という国はそれほど異質な文化を持つ、異国情緒溢《あふ》れる国だったのだ。

日本が妖精の国であるうちはよかった。だがそれが、日本が近代化を進めて、日清《にっしん》・日露戦争で勝利した頃から変わっていった。

妖精の国だと思っていたのに、いつの間にか自分たちと同じような国になってきた。しかも、黄色人種のくせに白人に勝ってしまった。それを見たとたん白人を脅かす危ない国なんじゃないかと警戒し始めた。また、その頃からアメリカでは日本人の移民問題も出てきた。1900年にはアメリカ本土への日系移民の数が初めて年間1万人に達した。その多くはカルフォルニア州への移民だったが、そこでは激しい人種差別も行われるようになった。

そもそも、日本は妖精の国だというのは欧米人の妄想にすぎなかったのだが、日本が妖精の国ではなくなったことにがっかりしたし、その日本が自分たちと肩を並べる近代国家になるのが許せなかったのだ。なんとも傲慢《ごうまん》な話だが、アメリカがいかにして日本を太平洋戦争に引き込んでいったかについて前述したように、欧米人の日本人に対する蔑視が、あの戦争を引き起こす一因となったことは間違いない。

そして、太平洋戦争が終わったとき、戦勝国となったアメリカは、今度は日本を自分が思い描く妖精の国にしようとした。その象徴が日本国憲法なのだ。

だから、日本国憲法がまったく現実にそぐわない、アメリカのリベラリストにとって実験的な理想論にすぎないものとなっているのも当然なのである。

おわりに

さあ、パンドラの箱を開けよう

皆さんもギリシア神話「パンドラの箱」の言い伝えをご存じだろう。

全知全能のオリンピア神であるゼウスは、ティタン神族の1人であるプロメテウスに、「粘土で自分たちと同じ姿をした生き物をつくれ」と命じ、息を吹きかけ、命を与えると人間と名づけ、知恵を授けるよう命じた。ただしそのとき、火だけは与えることを許さなかった。火は神々だけの力で、人間に火を与えると手に負えない存在になるからだった。だが、プロメテウスは、寒さと夜の恐怖に怯《おび》える人間たちを哀れに思い、天上の火を盗み出して人間に与えた。

それを知ったゼウスは激怒した。そして、プロメテウスをコーカサスの岩山に鎖でつなぎ、大鷲《おおわし》に彼の肝臓を食わせるという苦痛を与えた。その苦痛は一夜で終わらなかった。夜の間にプロメテウスは回復し、夜が明けると再び大鷲がプロメテウスの肝臓を食いに来た。そのプロメテウスの苦痛は、長い年月の後、ヘラクレスによって救われるまで延々と続くこととなった。

一方、ゼウスは人間にも代償を払わせるべく、鍛冶《かじ》の神へファイストスに命じて粘土で女の像を造らせ、それに命を吹き込み、パンドラ（すべての贈り物）と名づけた。

パンドラは、美の女神アフロディーテから美しさを、芸術の神アポロンから音楽と癒《い》やしの力を、そしてゼウスからは好奇心を与えられていた。

ゼウスがパンドラを地上の人間界に連れて行くと、プロメテウスの弟エピメテウスはたちまち彼女の虜《とりこ》となり、自分の妻にした。

実はエピメテウスは、プロメテウスから黄金の箱を託されていた。プロメテウスはエピメテウスに、「この箱は絶対に開けてはならない」と言い残していた。だが、好奇心に駆られたパンドラが蓋を開けてしまうのだ。

するとその中から、病気、盗み、ねたみ、憎しみ、悪だくみなど、この世のあらゆる災いが飛び出してきた。プロメテウスはそれらが人間界に広がらないよう閉じ込めていたのだ。パンドラは慌《あわ》てて蓋を閉めたが、もう手遅れだった。だが、箱の中から「私も出してください」という小さな声が聞こえてきた。パンドラは聞いた。「お前は誰?」と——。

すると返事が返ってきた。

「私は希望です」。

私はある意味で、日本にとって憲法問題は、この「パンドラの箱」のようなものではないかと思う。

占領下で、アメリカのリベラリストたちによるメイド・イン・アメリカの憲法を押し付けられた日本国民は、その後の巧みな洗脳で、「日本の憲法は世界一すばらしいものだ」と思うようになってしまった。だが、実はそうではない。

彼らは、日本人が二度と自分たちに歯向かわないように、歴史上類を見ない、まさに前代未聞の「憲法第9条」を押し付けた。また、ことさら「基本的人権の尊重」を謳《うた》って、日本が自分たちの望む「個人権利主義」の国になるように仕向けたのだ。

もちろん私も、「平和主義」と「基本的人権」は何より尊重されるべきものだし、それこそ民主主義の大原則だと思っている。しかし問題は、この憲法が日本国民自身によってつくられたものではないことだ。また、つくった側もほんとうに「平和」と「人権」を尊重していたわけではない。逆にそれを壊すためにつくったのだ。

もし日本国民自身の決めた憲法であるならなんの問題もない。たとえば「軍隊を持たない」と決めたのであれば、その理念を貫いて国際社会に対峙《たいじ》していけばいいだろう。だが、それは日本人が決めたのではない。しかも今、現実的に北朝鮮や中国からの軍事的脅威を前にして、果たしてどれだけの人が、今のままの憲法でいいと考えているのだろうか。

また、憲法改正の話が出るたびに、中国、韓国、あるいはアメリカの歴史学会などから、

「日本に軍国主義が復活しようとしている」などと非現実的な、あり得ない批判が起きる。それに違和感や不快な思いを抱かない人はいないだろう。

それにもかかわらず、日本の中には、憲法問題となるとたちまち思考停止状態になって、ひたすら「絶対反対」を叫ぶ人たちがいる（実際に声を上げている人の実数はそれほどではないのだが……）。

私は、それは結局、現行の憲法が日本国民自身の手でつくられたものではなく、GHQに押し付けられたものであり、与えられたものにすぎないからということに尽きると思う。もし自分たちでつくった憲法ならば、国際社会の変化に応じて憲法を見直そうという動きも出てきたはずだし、戦後70年という時の流れの中で幾たびか憲法改正も行われたはずだ。だが、一度として憲法改正が行われないままだ。憲法論議がまるでアンタッチャブルなものになってきた。まるでイドラ（偶像）になっている。世界中を探しても、日本以外にそんな国はない。

繰り返しになるが、日本は未だに真の主権国家とは言えない状態だ。GHQによって与えられた憲法をベースに、国民は「日本は戦争犯罪国だった」と洗脳され続け、アメリカの同盟国としての歴史を歩んできた。その中で急激な経済成長もし、生活も豊かになってきたから、あえて憲法問題に触れなくてもいいではないか、と思ってしまったのではないだろうか。

しかしもう、これまでのように憲法問題から目を反《そ》らし続けるべきではない。日本の主権も、日本人の意思も問われている。もうアメリカから真の独立を果たすべき時がきた。

ここまで書いてきたように、世界が大激変時代に突入し、新たに安定した世界秩序を築いていくには、日本人自身が寛容性に富む日本の伝統に則《のっと》って、自らの国と世界の在り方を考えていかなければならなくなっている。

その第一歩が安倍首相の進めようとしている憲法改正だし、それを成し得てこそ日本は主権国家として世界に向けたメッセージを発信できるようになるのだと思う。

当然、そのとき日本が発信するメッセージは、日本の伝統である寛容性に溢れ、なおかつ世界の融和を目指す内容となるはずだ。

それは、世界中に格差社会をつくろうとしているグローバル資本主義とはまったく異なったものである。個人より家族を大切にする。そしてそうした人々がいっしょに住む村（地域）でみんなが大きな家族となって生きていくという概念だ。

リベラルの世界はオオカミがオオカミを喰《く》う世界だが、日本はすべての者がともに生きる世界だ。リベラルの時代はもう終わっている。これからは日本が未来だ。

私は、日本なら、そうした暖かくて人間味のある価値観を、あまりにも個人主義と権利主義が優先されたあげく、バラバラになりつつある世界の国々に発信していけると思うのだ。私は、それこそ「パンドラの箱」に残った最後の希望だと思っている。

カバーデザイン／黒岩二三
著者写真撮影／浅野剛
本文DTP／笠井克己（ザ・ライトスタッフオフィス）
編集協力／ザ・ライトスタッフオフィス、小林雅野
校正／細山田正人
販売／小島則夫
宣伝／安田征克
統括マネージャー／岡布由子

ジェイソン・モーガン　Jason Morgan

麗澤大学外国語学部助教。歴史学、日本史研究者。1977年、アメリカ合衆国ルイジアナ州生まれ。テネシー大学チャタヌーガ校で歴史学を専攻後、名古屋外国語大学、名古屋大学大学院、中国昆明市の雲南大学に留学。その後、ハワイ大学大学院で、東アジア学、特に中国史を専門に研究。卒業後は、韓国の慶尚北海英陽郡で英語教師として滞在。再び日本に戻り、翻訳や講演活動に従事。2014～15年、フルブライト研究者として早稲田大学法務研究科で研究。2016年、ウィスコンシン大学で博士号を取得。一般社団法人日本戦略研究フォーラム研究員を経て、2017年4月より現職。

米国人歴史学者「目からウロコの改憲論」
日本国憲法は日本人の恥である

悟空出版

二〇一八年一月二十八日　初版第一刷発行

著者　ジェイソン・モーガン
編集人　河野浩一
発行人　佐藤幸一
発行所　株式会社悟空出版
〒一六〇-〇〇二二　東京都新宿区新宿二-三-一一
電話　編集・販売：〇三-五三六九-四〇六三
ホームページ　http://www.goku-books.jp

装幀　黒岩二三
印刷・製本　中央精版印刷株式会社

Printed in Japan　ISBN 978-4-908117-44-2

悟空出版の本　悟空出版　大好評発売中

元号　全247総覧
山本博文 編著
全247元号の改元年月日、理由、出典、使用期間、主なできごとを完全網羅。元号トリビアの決定版。日本史が楽しくなる座右の1冊!

明治維新
司馬史観という過ち
原田伊織
森田健司
私たちは150年間、官軍史観に騙されてきた。定説をくつがえした作家と気鋭の学者が、「明治クーデター」の真相を語り尽くす。

永田町アホばか列伝
足立康史
国会での痛快質疑がネットで超人気の現職代議士が、言葉の限りを尽くして「永田町に巣食うアホばか」たちを徹底的に叩きのめす。

ピンチをチャンスにできた人だけが出世する
絶体絶命をチャンスに変える
ヤクザ式超切り返し術
向谷匡史
切り返しの極意を「ヤクザ式」で読み解いた、未だかつてないハウツー書!　なぜ、小泉進次郎は○で、小池百合子は×なのか!?

中韓がむさぼり続ける
「反日」という名の毒饅頭
ケント・ギルバート
史上最悪の戦犯国家と右顧左眄の事大主義国家に問う。あなた方は、いつまで日本を敵視するのか?　ならば、私が日本を弁護する!